VENDRE COMME UN FOU

DES APPELS À FROID À LA CLÔTURE, STRATÉGIES ET TECHNIQUES POUR FAIRE AVANCER VOTRE ENTREPRISE AVEC UNE DYNAMIQUE DE VENTE IMPARABLE

Dr Lucas Anderson

Copyright © 2024 par Lucas Anderson

Tous droits réservés. Aucune partie de cette publication ne peut être reproduite, distribuée ou transmise sous quelque forme ou par quelque moyen que ce soit, y compris la photocopie, l'enregistrement ou d'autres méthodes électroniques ou mécaniques, sans l'autorisation écrite préalable de l'éditeur, sauf dans le cas de brèves citations incorporées. dans des critiques critiques et dans certaines autres utilisations non commerciales autorisées par la loi sur le droit d'auteur.

Contenu

Contenu 3

Introduction 7

Chapitre un 13
   Comprendre le paysage des ventes 13

      Psychologie de la vente 15

Chapitre deux 19
   Le jeu intérieur de la vente 19

Chapitre trois 25
   Pourquoi les gens achètent 25

Chapitre quatre 33
   Construire une base solide 33

      Définir votre marché cible : qui sont vos clients idéaux ? 33

Chapitre cinq 41
   Maîtriser l'art du démarchage téléphonique 41

Chapitre six 49
   Techniques de vente créatives 49

Chapitre sept 57
    Le pouvoir de la suggestion 57

Chapitre huit 65
    Faire la vente 65

Chapitre neuf 75
    Obtenir plus de rendez-vous 75

Chapitre dix 83
    Nourrir les leads avec un suivi efficace 83

Chapitre onze 91
    Construire des relations à long terme 91

Chapitre douze 99
    Maintenir la dynamique des ventes 99

Chapitre treize 109
    Exemples de présentations ou d'argumentaires de vente 109

Chapitre quatorze 125
    Conclusion 125

Si vous recherchez des stratégies et des tactiques, ce livre est une valeur sûre pour vous.

Mais si vous recherchez beaucoup de texte, ne perdez pas votre temps à lire ce livre, sinon vous serez déçu.

Parce que ce livre, je n'ai pas perdu de temps à écrire les théories que vous lisez, je suis passé directement à l'aspect pratique (Stratégies et Tactiques).

Et ces stratégies et tactiques sont toutes testées dans diverses industries et le résultat est incroyable.

Lisez, mettez en œuvre et regardez la magie opérer.

Profitez du reste du livre.

Dans l'art de la présentation, chaque mot est un coup de pinceau, chaque diapositive une toile. C'est l'occasion de peindre un chef-d'œuvre de persuasion, de tisser une histoire qui captive et de livrer une performance qui laisse une impression durable. Élaborer une présentation commerciale, c'est sculpter une expérience, guider le public dans un voyage de découverte et l'inviter à imaginer un avenir où ses besoins sont satisfaits et ses désirs exaucés.

Introduction

Bienvenue dans « Vendez comme un fou : des appels à froid à la clôture, stratégies et techniques pour faire avancer votre entreprise avec une dynamique de vente imparable ». Si vous tenez ce livre entre vos mains, vous êtes déjà sur la bonne voie pour transformer votre jeu de vente et propulser votre entreprise vers de nouveaux sommets. Félicitations pour avoir fait le premier pas vers la maîtrise de l'art et de la science de la vente !

Imaginez un monde où chaque appel commercial laisse vos prospects impatients de signer sur la ligne pointillée. Imaginez conclure des accords en toute simplicité, armé de techniques qui font fondre les objections comme la neige au soleil. Imaginez une entreprise où les ventes se déroulent sans effort, où chaque interaction avec un client potentiel n'est pas seulement une transaction mais une étape vers une relation durable.

Que vous soyez un professionnel de la vente chevronné cherchant à affiner votre approche ou un entrepreneur commençant tout juste à naviguer dans le monde complexe de la vente, ce livre est votre feuille de route vers le succès. Dans les pages à venir, nous approfondirons les stratégies, les techniques et les changements de mentalité nécessaires pour vendre comme jamais auparavant.

Le pouvoir de la maîtrise des ventes

Les ventes sont l'élément vital de toute entreprise. C'est le moteur de la croissance, la force qui propulse l'innovation et la clé pour établir des liens durables avec les clients. Pourtant, pour beaucoup, le monde de la vente peut sembler intimidant. Les appels à froid, les objections et les techniques de clôture peuvent sembler être des obstacles insurmontables.

Mais voici la vérité : vendre ne doit pas nécessairement être un combat. En fait, cela peut être l'aspect le plus gratifiant de votre entreprise. Lorsque vous maîtrisez l'art de vendre, vous acquérez le pouvoir de façonner votre destin. Vous devenez une force avec laquelle il faut compter dans votre secteur, un aimant à succès et un conseiller de confiance pour vos clients.

Un modèle de réussite

Dans « Vendre comme un fou », nous avons élaboré un guide complet qui ne néglige aucun détail. Ce livre n'est pas seulement un recueil de théories ; il s'agit d'un modèle pratique et exploitable pour transformer votre approche commerciale de fond en comble. Que vous soyez une entreprise individuelle ou que vous dirigiez une équipe de professionnels de la vente, vous trouverez des informations et des stratégies précieuses à mettre en œuvre immédiatement.

Ce que vous découvrirez

Voici un avant-goût de ce qui vous attend dans ces pages :

Comprendre le paysage des ventes : nous commencerons par explorer l'évolution des ventes, des méthodes traditionnelles aux techniques de pointe. Vous acquerrez une compréhension approfondie de la psychologie des acheteurs et des différents modèles de vente, ouvrant ainsi la voie à votre succès.

Construire une base solide : découvrez comment définir votre marché cible, élaborer une proposition de vente unique (USP) convaincante et développer un argumentaire de vente qui laisse une impression durable.

Maîtriser l'art du démarchage téléphonique : le démarchage téléphonique ne doit pas être redouté. Dans cette section, nous partagerons des stratégies éprouvées pour transformer les appels à froid en pistes chaleureuses, surmontant le rejet avec confiance et finesse.

Créer des offres irrésistibles : découvrez les secrets de la création d'offres que vos clients ne peuvent tout simplement pas refuser. Des remises aux propositions de valeur, vous découvrirez comment créer des offres irrésistibles qui stimulent les ventes.

Nourrir les leads avec un suivi efficace : la fortune réside dans le suivi. Nous vous montrerons comment développer une stratégie de suivi qui maintient l'engagement de vos prospects et convertit les prospects en clients fidèles.

L'art de la persuasion et de l'influence : plongez en profondeur dans les principes de la persuasion, établissez des relations, traitez les objections comme un pro et utilisez des techniques avancées pour convaincre même les clients les plus coriaces.

Conclusion de l'affaire : La conclusion ne doit pas nécessairement être stressante. Découvrez une gamme de techniques, depuis la conclusion hypothétique jusqu'aux stratégies de négociation, qui vous permettront de conclure l'accord en toute confiance.

Établir des relations à long terme : la fidélité des clients est la pierre angulaire d'une croissance durable d'une entreprise. Apprenez à fournir un service client exceptionnel, des ventes incitatives, des ventes croisées et à créer des programmes de parrainage qui incitent vos clients à revenir pour en savoir plus.

Maintenir la dynamique des ventes : enfin, nous explorerons comment maintenir la dynamique des ventes. L'apprentissage continu, le fait de garder une longueur d'avance sur les tendances, le suivi des performances et la création d'une culture axée sur les ventes au sein de votre organisation sont tous abordés dans cette section critique.

Alors que vous vous lancez dans ce voyage à travers « Vendre comme un fou », n'oubliez pas que vendre ne consiste pas seulement à déplacer des produits ou des services : il s'agit également de créer de la valeur, de résoudre des problèmes et d'établir des relations. Il s'agit de comprendre les besoins de vos clients et de proposer des solutions qui dépassent leurs attentes.

Ainsi, que vous cherchiez à faire monter en flèche vos chiffres de ventes, à révolutionner votre approche de vente ou simplement à acquérir un avantage concurrentiel dans votre secteur, ce livre est votre guide. Chaque chapitre regorge de conseils pratiques, d'exemples concrets et d'étapes concrètes qui vous permettront de devenir une puissance commerciale.

Êtes-vous prêt à libérer votre plein potentiel en tant que professionnel de la vente ? Êtes-vous prêt à vendre comme un fou ? Alors plongeons ensemble et embarquons dans ce voyage transformateur. Votre histoire de réussite commence non

L'art de vendre ne consiste pas à convaincre mais à comprendre. Pour vraiment vendre, il faut d'abord chercher à comprendre les besoins, les aspirations et les craintes de ceux qu'ils visent à servir. C'est dans cette compréhension profonde que se révèle le chemin vers des stratégies de vente efficaces, car lorsque nous connaissons vraiment nos clients, nous détenons la clé pour libérer leurs désirs.

Chapitre un

Comprendre le paysage des ventes

La vente, dans son essence, est aussi ancienne que la civilisation elle-même. Des anciens bazars de Mésopotamie aux marchés animés de l'Empire romain, l'acte de vendre a toujours été un élément fondamental de l'interaction humaine. Les premières ventes étaient simples et directes, impliquant souvent du troc en face à face ou l'échange de marchandises contre de la monnaie. Il s'agissait d'un processus transactionnel axé principalement sur les besoins immédiats des acheteurs et des vendeurs.

À mesure que les sociétés évoluaient, les méthodes de vente évoluaient également. La révolution industrielle a amené la production et la distribution de masse, entraînant l'essor des vendeurs à domicile et des catalogues de vente par correspondance. Ces méthodes reposaient largement sur la persuasion personnelle et la capacité à entrer en contact avec les clients en tête-à-tête. L'art de la vente est devenu une forme d'art, avec des techniques telles que la gestion des objections et les tactiques de clôture occupant une place centrale.

Avance rapide jusqu'au 21e siècle, et nous nous trouvons au milieu d'une révolution numérique qui a encore une fois transformé le paysage de la vente. Internet a ouvert un monde de possibilités pour atteindre les clients, des plateformes de commerce électronique à la publicité sur les réseaux sociaux. Les ventes ne se limitent plus aux vitrines physiques ; ils se déroulent dans des espaces virtuels, avec une portée mondiale et une disponibilité 24h/24 et 7j/7.

Dans ce paysage commercial en constante évolution, une chose reste constante : l'importance d'une stratégie commerciale solide. Une stratégie de vente est la feuille de route qui guide une entreprise vers ses objectifs de revenus. Cela englobe tout, de l'identification des marchés cibles à la définition de stratégies de prix, de la définition des processus de vente à la formation des équipes commerciales.

Une stratégie commerciale bien conçue est cruciale pour plusieurs raisons. Premièrement, cela aligne l'ensemble de l'organisation vers un objectif commun, garantissant que tout le monde travaille vers les mêmes objectifs. Deuxièmement, il fournit un cadre de prise de décision, aidant les entreprises à prioriser leurs efforts et leurs ressources. Troisièmement, cela permet la mesure et l'optimisation, car une bonne stratégie comprend des mesures et des KPI pour suivre les progrès et le succès.

Psychologie de la vente

Au cœur de toute stratégie de vente réussie se trouve la compréhension du comportement des acheteurs. Pourquoi les gens achètent-ils ? Qu'est-ce qui motive leurs décisions d'achat ? Ce sont des questions auxquelles les professionnels de la vente doivent répondre pour être efficaces.

Le comportement de l'acheteur est influencé par une multitude de facteurs, à la fois rationnels et émotionnels. Les facteurs rationnels incluent des éléments tels que le prix, la qualité et les caractéristiques d'un produit ou d'un service. Les facteurs émotionnels, en revanche, peuvent être plus subtils mais tout aussi puissants. Ceux-ci incluent des éléments tels que la preuve sociale, la peur de passer à côté (FOMO) et le désir de statut ou d'appartenance.

En comprenant ces facteurs psychologiques, les professionnels de la vente peuvent adapter leur approche pour répondre aux besoins et aux désirs de leurs clients. Cela peut impliquer de créer des messages marketing exploitant des déclencheurs émotionnels ou d'utiliser la preuve sociale pour renforcer la confiance et la crédibilité.

Le paysage commercial est diversifié, avec différents modèles adaptés à différents secteurs et segments de clientèle. Comprendre ces modèles est essentiel pour choisir la bonne approche pour votre entreprise.

Ventes interentreprises (B2B) : ce modèle implique la vente de produits ou de services d'une entreprise à une autre. Les ventes B2B ont tendance à être plus complexes et impliquent des cycles de vente plus longs, car les décisions nécessitent souvent l'adhésion de plusieurs parties prenantes.

Ventes entreprise à consommateur (B2C) : en revanche, les ventes B2C se concentrent sur la vente directe aux consommateurs individuels. Ces transactions sont généralement de nature plus simple et plus transactionnelle, avec un cycle de vente plus court.

Ventes directes : ce modèle consiste à vendre des produits ou des services directement aux consommateurs par l'intermédiaire d'une force de vente. La vente directe peut être très efficace pour les produits qui nécessitent une démonstration ou une explication, comme les cosmétiques ou les appareils électroménagers.

Ventes en ligne : Avec l'essor du commerce électronique, les ventes en ligne sont devenues de plus en plus répandues. Ce modèle permet aux entreprises d'atteindre un public mondial et de fonctionner 24h/24 et 7j/7, mais il nécessite également une forte présence en ligne et des stratégies de marketing numérique efficaces.

Chacun de ces modèles de vente comporte son propre ensemble de défis et d'opportunités. En comprenant les nuances de chacun, les entreprises peuvent choisir la bonne approche pour maximiser leur potentiel de vente.

Dans le monde de la vente, une chose est sûre : l'adaptabilité est essentielle. À mesure que la technologie continue de progresser et que les préférences des consommateurs évoluent, les professionnels de la vente qui réussissent sont ceux qui peuvent s'adapter au changement, comprendre la psychologie des acheteurs et élaborer des stratégies solides qui génèrent des résultats.

Chapitre deux

Le jeu intérieur de la vente

Développer un état d'esprit gagnant pour réussir en vente : dans le monde de la vente, le succès commence souvent de l'intérieur. Il ne s'agit pas seulement d'avoir un argumentaire soigné ou une offre convaincante ; il s'agit de cultiver un état d'esprit qui engendre le succès. Ce chapitre explore les éléments essentiels d'un état d'esprit gagnant et comment vous pouvez le développer pour atteindre vos objectifs de vente.

Croire en vous-même et en votre produit : le fondement d'un état d'esprit gagnant commence par la croyance : la confiance en vous-même et la confiance en ce que vous vendez. La confiance est contagieuse et lorsque vous croyez vraiment en la valeur de votre produit ou service, elle transparaît dans vos interactions avec des clients potentiels.

Prenez le temps de comprendre les avantages et les arguments de vente uniques de ce que vous proposez, et laissez ces connaissances alimenter votre confiance.

Adopter une attitude positive : la positivité est une force puissante dans les ventes. Il ne s'agit pas d'ignorer les défis ou les revers, mais plutôt de maintenir une attitude constructive même face à l'adversité. Une attitude positive vous rend non seulement plus résilient, mais vous rend également plus attractif auprès des clients potentiels. Les gens sont attirés par ceux qui respirent l'optimisme et l'enthousiasme.

Cultiver la persévérance et la résilience : les ventes peuvent être des montagnes russes de hauts et de bas. Cultiver la persévérance signifie ne pas abandonner au premier signe de rejet. Cela signifie comprendre que chaque « non » vous rapproche d'un « oui ». La résilience est la capacité de rebondir après les échecs, d'apprendre des échecs et de continuer à avancer avec détermination.

Surmonter les croyances limitantes et la peur du rejet : l'un des plus grands obstacles au succès commercial est la présence de croyances limitantes, ces barrières auto-imposées qui nous retiennent. Ces croyances peuvent inclure des pensées telles que « Je ne suis pas assez bien » ou « Personne ne veut acheter chez moi ». Dans cette section, nous explorerons des stratégies pour identifier et surmonter ces croyances limitantes.

Conscience et reconnaissance : La première étape pour surmonter les croyances limitantes est d'en prendre conscience. Faites attention aux pensées et au dialogue intérieur qui surviennent lorsque vous êtes dans une situation de vente. Existe-t-il des schémas récurrents de doute de soi ou de négativité ? Reconnaître ces croyances est la première étape vers leur changement.

Remettre en question et recadrer : Une fois que vous avez identifié une croyance limitante, l'étape suivante consiste à la remettre en question. Posez-vous la question : cette croyance est-elle basée sur des faits ou des hypothèses ? Existe-t-il des preuves pour le soutenir ? Souvent, vous constaterez que ces croyances ne sont pas fondées sur la réalité. Recadrez-les en déclarations plus positives et responsabilisantes. Par exemple, « J'apprends de chaque rejet et je l'utilise pour m'améliorer » au lieu de « Je ne suis pas bon dans ce domaine ».

Bâtir la confiance par l'action : La confiance n'est pas seulement le résultat du succès ; c'est aussi un précurseur. En agissant malgré la peur ou le doute, vous renforcez la confiance. Commencez par de petites étapes, comme passer des appels supplémentaires ou approcher un prospect difficile. Célébrez chaque petite victoire et laissez-les renforcer votre confiance en vous.

Le pouvoir de la visualisation et de l'établissement d'objectifs : la visualisation est un outil puissant utilisé par les athlètes de haut niveau, les artistes et, bien sûr, les professionnels de la vente. Cela implique de répéter mentalement des scénarios de réussite, de s'imaginer atteindre ses objectifs et de ressentir les émotions associées à ce succès. Lorsqu'elle est effectuée de manière cohérente, la visualisation peut programmer votre esprit pour réussir.

Création d'un tableau de vision : un moyen efficace de visualiser vos objectifs consiste à créer un tableau de vision. Il peut s'agir d'un tableau physique avec des images et des mots qui représentent vos objectifs de vente, ou d'une version numérique sur votre ordinateur ou votre téléphone. Incluez des objectifs spécifiques, tels que les chiffres de revenus, le nombre de clients ou les résultats souhaités des appels commerciaux.

Fixer des objectifs SMART : la définition d'objectifs est essentielle pour donner une direction et un but à vos efforts. Les objectifs SMART sont spécifiques, mesurables, réalisables, pertinents et limités dans le temps. Au lieu de dire : « Je veux augmenter mes ventes », un objectif SMART serait : « J'augmenterai mes ventes de 20 % au cours du prochain trimestre en mettant en œuvre la stratégie X ».

Affirmations quotidiennes et renforcement positif : Les affirmations sont des déclarations positives que vous vous répétez régulièrement. Ils peuvent être aussi simples que « Je suis un professionnel de la vente à succès » ou « J'attire des opportunités lucratives ». La clé est de renforcer vos croyances positives et d'entraîner votre esprit à se concentrer sur le succès.

Exploiter la loi de l'attraction dans la vente : La loi de l'attraction est un concept puissant qui suggère que nous attirons dans nos vies tout ce sur quoi nous nous concentrons. Dans le contexte des ventes, cela signifie que nos pensées et nos convictions concernant la vente peuvent avoir un impact sur nos résultats de vente réels. Voici comment vous pouvez exploiter cette loi à votre avantage :

Visualiser le succès : Comme mentionné précédemment, la visualisation est un élément clé de la loi de l'attraction. En vous visualisant constamment en train d'atteindre vos objectifs de vente, vous envoyez un message puissant à l'univers (et à votre subconscient) sur ce que vous souhaitez attirer dans votre vie.

Utiliser des affirmations positives : les affirmations sont un autre outil pour aligner vos pensées sur les résultats souhaités. En répétant des déclarations positives sur votre succès commercial, vous renforcez la conviction que ces résultats sont non seulement possibles mais inévitables.

Pratiquer la gratitude : la gratitude est un aimant pour des expériences plus positives. Prenez le temps chaque jour de reconnaître et d'apprécier vos succès commerciaux, aussi minimes soient-ils. Cet état d'esprit d'abondance et d'appréciation peut attirer un succès encore plus grand.

Dans le jeu intérieur de la vente, le champ de bataille est votre esprit. En développant un état d'esprit gagnant, en surmontant les croyances limitantes, en exploitant la visualisation et la définition d'objectifs et en exploitant la loi de l'attraction, vous vous préparez à un succès commercial au-delà de toute mesure. Dans les chapitres à venir, nous approfondirons les techniques et stratégies pratiques pour vous donner les moyens de ce voyage transformateur.

Les plus grands défis ne sont pas les obstacles extérieurs mais les doutes, les peurs et les limites que nous nous imposons. Maîtriser le jeu intérieur de la vente, c'est vaincre ces barrières auto-imposées, cultiver un état d'esprit d'abondance et danser sans crainte avec le rejet comme un pas vers la croissance.

Chapitre trois

Pourquoi les gens achètent

Comprendre les déclencheurs émotionnels des décisions d'achat : Au cœur de chaque achat se trouve un réseau complexe d'émotions. Même si nous aimons nous considérer comme des êtres rationnels, la vérité est qu'une grande partie de notre prise de décision est motivée par nos émotions. Dans ce chapitre, nous explorerons les déclencheurs émotionnels qui influencent les décisions d'achat et comment vous pouvez les exploiter dans votre approche commerciale.

Désir de statut et de reconnaissance

De nombreux achats sont motivés par le désir d'être vu sous un certain jour. Qu'il s'agisse d'une voiture de luxe, de vêtements de marque ou du dernier gadget, les gens achètent souvent pour améliorer leur statut social et gagner la reconnaissance des autres.

Peur de rater quelque chose (FOMO)

FOMO, ou la peur de manquer quelque chose, est un puissant facteur de motivation dans le monde interconnecté d'aujourd'hui. Les gens sont souvent poussés à faire des achats parce qu'ils ne veulent pas manquer une opportunité, une expérience ou une offre dont d'autres profitent.

Lien émotionnel avec les marques

Les marques qui évoquent des émotions fortes et qui correspondent aux valeurs des gens peuvent fidéliser des clients à vie. Qu'il s'agisse d'une marque synonyme de durabilité, d'innovation ou de responsabilité sociale, le lien émotionnel peut conduire à des achats répétés.

Gratification instantanée

Dans notre société en évolution rapide, le désir d'une gratification instantanée est un facteur important dans les décisions d'achat. Les produits et services qui promettent un plaisir ou une satisfaction immédiate ont souvent un fort attrait.

Hiérarchie des besoins de Maslow : comment elle influence les achats

La hiérarchie des besoins de Maslow fournit un cadre précieux pour comprendre pourquoi les gens achètent. Selon cette théorie, les besoins humains sont hiérarchisés, avec les besoins physiologiques de base à la base et les besoins de niveau supérieur comme la réalisation de soi au sommet. Voici comment cela influence les décisions d'achat :

Besoins physiologiques (nourriture, abri, vêtements)

À la base de la hiérarchie se trouvent nos besoins physiologiques fondamentaux. Les gens donneront la priorité à l'achat de biens et de services qui répondent à ces exigences fondamentales de survie et de confort.

Besoins en matière de sûreté et de sécurité

Une fois les besoins physiologiques satisfaits, les individus recherchent la sûreté et la sécurité. Cela peut inclure des achats liés à la santé, à l'assurance, à la sécurité du domicile et à la stabilité financière.

Besoins d'amour et d'appartenance

Les humains sont des créatures sociales et le besoin d'amour et d'appartenance influence de nombreuses décisions d'achat. Les produits qui aident les gens à se connecter avec les autres ou à ressentir un sentiment d'appartenance connaissent souvent du succès.

Besoins d'estime

Les besoins d'estime impliquent le désir de respect de soi, de reconnaissance et de statut. Les gens peuvent faire des achats pour renforcer leur estime de soi ou gagner l'admiration des autres.

Besoins de réalisation de soi

Au sommet de la hiérarchie se trouvent les besoins de réalisation de soi, qui impliquent de réaliser son plein potentiel et de poursuivre sa croissance personnelle. Les achats liés à l'éducation, au développement personnel et aux expériences répondent souvent à ces besoins.

Comprendre où votre produit ou service s'inscrit dans la hiérarchie de Maslow peut vous aider à adapter votre approche commerciale pour qu'elle corresponde aux besoins et motivations spécifiques de vos clients.

Le rôle de la preuve sociale et du FOMO (Fear of Missing Out)

Dans un monde inondé de choix, les gens se tournent souvent vers les autres pour savoir quoi acheter. La preuve sociale est le phénomène par lequel les gens assument les actions des autres dans le but de refléter un comportement correct. FOMO, comme mentionné précédemment, joue également un rôle ici.

Témoignages et avis

Les témoignages positifs et les avis de clients satisfaits peuvent être incroyablement convaincants. Ils fournissent la preuve sociale que d'autres ont bénéficié de votre produit ou service, le rendant ainsi plus attrayant pour les acheteurs potentiels.

Approbations des influenceurs

Les influenceurs et les leaders d'opinion de votre secteur peuvent également fournir une preuve sociale puissante. Lorsque les influenceurs approuvent votre produit ou service, leurs abonnés sont plus susceptibles d'en prendre note et d'envisager de faire un achat.

Offres à durée limitée et rareté

Créer un sentiment d'urgence grâce à des offres à durée limitée ou à une rareté peut déclencher le FOMO et stimuler les ventes. Lorsque les gens ont l'impression qu'ils risquent de rater une bonne affaire ou une opportunité exclusive, ils sont plus susceptibles d'agir rapidement.

Validation des médias sociaux

Les likes, les partages et les commentaires sur les plateformes de réseaux sociaux servent de preuve sociale instantanée. Lorsque les gens voient les autres interagir positivement avec votre marque, cela renforce la crédibilité et la confiance.

Créer des messages qui correspondent aux valeurs de votre public

Dans le monde socialement conscient d'aujourd'hui, les consommateurs sont de plus en plus attirés par les marques qui correspondent à leurs valeurs. Créer des messages qui correspondent à ces valeurs peut être un moyen puissant de communiquer avec votre public et de générer des ventes.

Durabilité et responsabilité environnementale

Si votre marque donne la priorité à la durabilité et au respect de l'environnement, mettre en évidence ces aspects dans votre message peut attirer les consommateurs soucieux de l'environnement. Cela peut inclure une discussion sur votre utilisation de matériaux recyclés, de pratiques économes en énergie ou de partenariats caritatifs.

Impact social et implication communautaire

De nombreux consommateurs souhaitent soutenir les entreprises qui redonnent à leur communauté ou soutiennent des causes sociales. Partager des histoires sur les efforts philanthropiques ou les initiatives communautaires de votre entreprise peut créer une image positive et attirer des acheteurs socialement conscients.

Qualité et durabilité

Pour certains consommateurs, la valeur est synonyme de qualité et de durabilité. Mettre en valeur le savoir-faire, la longévité et la fiabilité de votre produit ou service peut plaire à ceux qui privilégient l'investissement à long terme plutôt que l'épargne à court terme.

Commodité et gain de temps

Dans notre monde en évolution rapide, la commodité est souvent une priorité absolue pour les consommateurs. Si votre produit ou service vous fait gagner du temps ou simplifie la vie d'une manière ou d'une autre, mettre l'accent sur ces avantages peut être convaincant.

Comprendre les valeurs qui trouvent un écho auprès de votre public cible vous permet de rédiger des messages qui parlent directement de leurs motivations. En alignant votre marque sur leurs valeurs, vous créez une connexion qui va au-delà des fonctionnalités et des avantages de votre offre.

Dans ce chapitre, nous avons exploré le réseau complexe d'émotions, de besoins et d'influences sociales qui déterminent les décisions d'achat. En comprenant pourquoi les gens achètent et comment ces facteurs influencent le comportement des consommateurs, vous pouvez adapter votre approche commerciale pour trouver un écho plus profond auprès de votre public. Dans les chapitres à venir, nous aborderons des stratégies pratiques pour appliquer ces informations à vos tactiques et messages de vente.

Chapitre quatre

Construire une base solide

Définir votre marché cible : qui sont vos clients idéaux ?

Dans le vaste paysage des clients potentiels, l'identification et la compréhension de votre marché cible sont cruciales. Votre marché cible est le groupe spécifique de personnes les plus susceptibles d'acheter votre produit ou service. Dans ce chapitre, nous explorerons comment définir votre marché cible et pourquoi il est essentiel au succès de vos ventes.

Démographie : qui sont-ils ?

Commencez par examiner les données démographiques de base de vos clients idéaux. Cela inclut des facteurs tels que l'âge, le sexe, le niveau de revenu, l'éducation, la profession et le lieu de résidence. Comprendre ces données démographiques vous aide à créer des campagnes marketing ciblées et à adapter votre approche commerciale en conséquence.

Psychographie : que valorisent-elles ?

Les psychographies approfondissent les attitudes, les intérêts, les modes de vie et les valeurs de votre marché cible. Quels sont leurs passe-temps ? Quels médias consomment-ils ? Quelles sont leurs aspirations et leurs points faibles ? En comprenant les caractéristiques psychographiques de votre public, vous pouvez créer des messages qui résonnent à un niveau plus profond.

Comportement : comment achètent-ils ?

Les facteurs comportementaux incluent la manière dont vos clients prennent leurs décisions d'achat. Préfèrent-ils acheter en ligne ou en magasin ? Sont-ils des adeptes précoces des nouvelles technologies ou préfèrent-ils les méthodes traditionnelles ? Comprendre leur comportement vous aide à choisir les canaux et tactiques de vente les plus efficaces.

Points douloureux : quels problèmes ont-ils ?

Identifier les points faibles de votre marché cible est crucial. À quels défis sont-ils confrontés et que votre produit ou service peut résoudre ? En abordant ces points faibles dans votre argumentaire de vente, vous démontrez de la valeur et de la pertinence à votre public.

Élaborer votre proposition de vente unique (USP)

Votre proposition de vente unique (USP) est ce qui vous distingue de vos concurrents. C'est la raison pour laquelle les clients devraient choisir votre produit ou service plutôt que d'autres. L'élaboration d'un USP convaincant est essentielle pour capter l'attention et stimuler les ventes.

Qu'est-ce qui vous rend unique ?

Commencez par identifier les caractéristiques ou qualités uniques de votre produit ou service. Qu'est-ce qui le distingue des offres similaires sur le marché ? Il peut s'agir d'une qualité supérieure, d'une technologie innovante, d'un service client exceptionnel ou d'une approche unique pour résoudre un problème.

Avantages par rapport aux fonctionnalités

Alors que les fonctionnalités décrivent ce que fait votre produit ou service, les avantages expliquent comment il améliore la vie de vos clients. Concentrez-vous sur les avantages qui correspondent aux besoins et aux désirs de votre marché cible. Par exemple, au lieu de dire « Notre aspirateur a une aspiration puissante », vous pourriez dire « Notre aspirateur garde votre maison impeccable avec un minimum d'effort ».

Appel émotionnel

Ne sous-estimez pas le pouvoir de l'émotion dans votre USP. Faites appel aux émotions de votre public en mettant en évidence ce que votre produit ou service lui fait ressentir. Qu'il s'agisse de commodité, de tranquillité d'esprit, de confiance ou de joie, la connexion sur le plan émotionnel peut être un puissant facteur de motivation pour l'achat.

Développer votre argumentaire de vente : l'argumentaire éclair

Un argumentaire d'ascenseur est un résumé concis et convaincant de votre produit ou service qui peut être livré dans le temps nécessaire pour prendre un ascenseur. C'est l'occasion de faire une bonne première impression et de susciter l'intérêt. Dans cette section, nous explorerons comment élaborer un argumentaire éclair efficace qui capte l'attention.

Soyez concis

La clé d'un argumentaire éclair est la brièveté. Vous ne disposez que de peu de temps pour avoir un impact, alors concentrez-vous sur les points les plus essentiels. Visez un pitch qui peut être livré en 30 secondes à une minute.

Commencez avec un crochet

Commencez votre argumentaire avec un crochet qui attire l'attention. Il peut s'agir d'une question qui suscite la réflexion, d'une statistique surprenante ou d'une déclaration convaincante qui aborde un problème.

Mettez en valeur les avantages, pas seulement les fonctionnalités

Comme mentionné précédemment, concentrez-vous sur les avantages de votre produit ou service plutôt que uniquement sur ses fonctionnalités. Quel problème cela résout-il ? Comment cela améliore-t-il la vie de vos clients ? Expliquez clairement pourquoi votre public devrait s'en soucier.

Pratiquer et affiner

Élaborer un argumentaire convaincant demande de la pratique. Répétez votre argumentaire jusqu'à ce qu'il soit naturel et authentique. Soyez ouvert aux commentaires et effectuez les ajustements nécessaires en fonction des réponses que vous recevez.

Fixer des objectifs de vente réalistes et des mesures de réussite

Fixer des objectifs est essentiel pour guider vos efforts de vente et mesurer le succès. Dans cette section, nous explorerons comment définir des objectifs de vente réalistes et les mesures que vous pouvez utiliser pour suivre vos progrès.

Objectifs spécifiques et mesurables

Les objectifs efficaces sont spécifiques et mesurables. Au lieu de dire « augmenter les ventes », un objectif spécifique pourrait être « augmenter les ventes de 20 % au cours du prochain trimestre ». Cela vous donne un objectif clair vers lequel travailler.

Décomposer les objectifs en étapes réalisables

Une fois que vous avez défini vos objectifs de vente globaux, divisez-les en étapes plus petites et réalisables. Cela peut inclure des choses comme passer un certain nombre d'appels commerciaux par jour, assister à des événements de réseautage ou lancer une nouvelle campagne marketing.

Indicateurs clés de performance (KPI)

Les indicateurs de performance clés (KPI) sont des mesures qui vous aident à suivre les progrès vers vos objectifs. Les KPI de vente courants incluent les taux de conversion, la taille moyenne des transactions, la durée du cycle de vente et le coût d'acquisition de clients. La surveillance régulière de ces mesures vous permet de prendre des décisions fondées sur les données et de corriger votre trajectoire si nécessaire.

Réviser et ajuster

Les objectifs de vente doivent être dynamiques et non gravés dans le marbre. Examinez régulièrement vos progrès par rapport à vos objectifs et KPI, et soyez prêt à ajuster vos stratégies si vous n'êtes pas sur la bonne voie. Cette flexibilité vous permet de vous adapter aux conditions changeantes du marché et aux besoins des clients.

Dans ce chapitre, nous avons jeté les bases du succès commercial en définissant votre marché cible, en élaborant une proposition de vente unique (USP) convaincante, en développant un argumentaire efficace et en fixant des objectifs de vente réalistes. Ces éléments constituent le fondement de votre stratégie de vente, guidant votre approche et garantissant votre adéquation aux besoins et aux désirs de votre public. Dans les chapitres à venir, nous approfondirons les techniques et stratégies de vente pratiques pour donner vie à ces éléments fondamentaux et faire avancer votre entreprise avec un élan imparable.

Le fondement d'une vente réussie ne réside pas dans le produit ou le service mais dans la compréhension. Construire une base solide, c'est connaître intimement votre marché, écouter avec un cœur ouvert les besoins de vos clients et élaborer des solutions qui s'intègrent parfaitement dans le cadre de leur vie.

Chapitre cinq

Maîtriser l'art du démarchage téléphonique

L'appel à froid : à faire et à ne pas faire

Le démarchage téléphonique peut être un outil puissant dans votre arsenal de vente lorsqu'il est effectué correctement. C'est un moyen direct d'atteindre des clients potentiels et de leur présenter votre produit ou service. Il existe cependant des pièges à éviter et des bonnes pratiques à suivre. Dans ce chapitre, nous explorerons les choses à faire et à ne pas faire en matière de démarchage téléphonique.

À faire : recherchez votre prospect

Avant de décrocher le téléphone, prenez le temps de rechercher votre prospect. Comprenez leur activité, leurs problèmes et comment votre produit ou service peut leur apporter de la valeur. Cette préparation vous permet d'adapter votre pitch à leurs besoins spécifiques.

À ne pas faire : utilisez un script textuellement

Même si avoir un script peut être utile pour la structure, évitez de le lire mot pour mot. Cela peut paraître robotique et peu sincère. Utilisez plutôt le script comme guide et permettez à une conversation naturelle de se dérouler.

À faire : écoutez plus que vous ne parlez

Un démarchage téléphonique efficace consiste autant à écouter qu'à parler. Posez des questions ouvertes pour comprendre les besoins et les défis du prospect. Cela montre non seulement un réel intérêt, mais fournit également des informations précieuses pour personnaliser votre argumentaire.

À ne pas faire : précipiter l'appel

Évitez la tentation de vous précipiter lors de l'appel ou de vous lancer immédiatement dans votre argumentaire. Prenez le temps d'établir une relation et d'établir une connexion avec le prospect. Quelques instants de bavardage peuvent grandement contribuer à instaurer la confiance.

Surmonter la peur et le rejet lors du démarchage téléphonique

La peur du rejet est un obstacle courant lors du démarchage téléphonique. La peur d'entendre « non » peut être paralysante, mais il est essentiel de se rappeler que le rejet fait naturellement partie du processus de vente. Voici quelques stratégies pour surmonter la peur et gérer le rejet.

Changez votre état d'esprit

Au lieu de considérer le rejet comme un échec personnel, voyez-le comme une opportunité d'apprentissage. Chaque « non » vous rapproche d'un « oui » en vous aidant à affiner votre approche et à mieux comprendre votre marché cible.

Pratiquer la résilience

La résilience est la capacité de rebondir après des échecs. Rappelez-vous vos réussites, aussi petites soient-elles, et concentrez-vous sur la valeur que vous apportez. Visualisez-vous en train de surmonter les objections et de conclure des affaires.

Jeu de rôle et répétition

Le jeu de rôle avec un collègue ou un mentor peut vous aider à vous entraîner à gérer les objections et les scénarios difficiles. Plus vous êtes préparé, plus vous vous sentirez en confiance lorsque vous passerez les appels.

Acceptez le rejet

Accepter le rejet signifie ne pas le laisser vous détourner de vos objectifs. Célébrez chaque rejet comme un pas en avant, sachant que chaque « non » vous rapproche d'un « oui ».

Stratégies pour des scripts de démarchage téléphonique efficaces

Un script de démarchage téléphonique bien conçu peut être un outil précieux pour guider votre conversation et garantir que vous couvrez tous les points essentiels. Voici quelques stratégies pour créer un script de démarchage téléphonique efficace.

Commencez par une ouverture forte

Les premières lignes de votre script doivent attirer l'attention du prospect et établir sa crédibilité. Il peut s'agir d'une statistique convaincante, d'une question qui suscite la réflexion ou d'une déclaration qui aborde un problème courant.

Gardez-le concis et clair

Évitez les longs monologues ou le langage trop complexe. Votre script doit être clair, concis et facile à comprendre. Concentrez-vous sur la communication de la proposition de valeur de votre produit ou service en termes simples.

Utilisez des questions ouvertes

Les questions ouvertes encouragent la conversation et permettent au prospect de partager davantage sur ses besoins et ses défis. Ces questions commencent souvent par « quoi », « comment » ou « pourquoi », ce qui appelle une réponse détaillée.

Incluez un appel à l'action fort

Chaque appel à froid doit être accompagné d'un appel à l'action (CTA) clair. Qu'il s'agisse de planifier une réunion de suivi, de demander plus d'informations ou de proposer un essai gratuit, aidez le prospect à passer facilement à l'étape suivante.

Tirer parti de la technologie dans la sensibilisation à froid : courrier électronique, médias sociaux et au-delà

À l'ère numérique d'aujourd'hui, le démarchage téléphonique ne doit pas nécessairement se limiter aux appels téléphoniques. Tirer parti de la technologie peut améliorer vos efforts de sensibilisation à froid et atteindre des prospects via plusieurs canaux. Voici comment utiliser efficacement la technologie dans les interventions à froid.

Campagnes par e-mail

Le courrier électronique peut être un outil puissant pour atteindre des prospects, surtout lorsqu'il est utilisé de manière stratégique. Personnalisez vos e-mails en fonction du secteur d'activité, du rôle ou des problèmes du prospect. Utilisez une ligne d'objet claire et gardez l'e-mail concis avec un CTA convaincant.

Sensibilisation aux médias sociaux

Des plateformes comme LinkedIn offrent des opportunités de connexion avec des prospects dans un cadre plus informel. Interagissez avec leurs publications, partagez du contenu pertinent et envoyez des messages personnalisés qui démontrent votre compréhension de leur entreprise.

Systèmes CRM

Les systèmes de gestion de la relation client (CRM) sont inestimables pour gérer vos efforts de démarchage téléphonique. Utilisez un CRM pour suivre les interactions, définir des rappels pour les suivis et organiser les données des prospects pour une diffusion plus ciblée.

Outils de messagerie vocale et de suivi

Lorsque vous recevez un message vocal, laissez un message concis et convaincant qui incite à un rappel. Utilisez des outils de suivi pour planifier des rappels automatiques afin de contacter les prospects qui n'ont pas répondu.

Maîtriser l'art du démarchage téléphonique nécessite une combinaison de stratégie, de résilience et de communication efficace. En comprenant les choses à faire et à ne pas faire lors du démarchage téléphonique, en surmontant la peur et le rejet, en élaborant des scripts convaincants et en tirant parti de la technologie, vous pouvez améliorer vos efforts de sensibilisation à froid et réussir vos efforts de vente. Dans les chapitres à venir, nous aborderons des techniques et des stratégies plus avancées pour maximiser l'efficacité de votre démarchage téléphonique et atteindre vos objectifs de vente.

La créativité dans la vente n'est pas une simple innovation mais l'alchimie de l'imagination et de l'empathie. C'est la capacité de voir au-delà de la transaction, de tisser des histoires captivantes et de présenter des solutions qui résonnent à un niveau émouvant. Adopter des techniques de vente créatives, c'est insuffler du talent artistique dans le processus de vente, transformer les arguments en performances et les clients en publics ravis.

Chapitre six

Techniques de vente créatives

Sortir des sentiers battus : approches de vente non conventionnelles

Dans le monde compétitif de la vente, les stratégies les plus efficaces sont parfois celles qui brisent les sentiers battus. Les approches commerciales non conventionnelles peuvent capter l'attention, différencier votre marque et laisser une impression durable sur les clients potentiels. Dans ce chapitre, nous explorerons comment sortir des sentiers battus dans vos efforts de vente.

Surprise et plaisir

Surprenez vos clients avec des gestes ou des offres inattendues. Il peut s'agir d'envoyer une vidéo de remerciement personnalisée après un achat, d'offrir une remise surprise ou d'inclure un petit cadeau avec leur commande. Ces touches inattendues créent une expérience positive et mémorable.

Marketing de guérilla

Les tactiques de guérilla marketing impliquent des stratégies non conventionnelles et peu coûteuses pour créer du buzz et interagir avec des clients potentiels. Cela pourrait inclure l'organisation de flash mobs, la création d'art de rue accrocheur ou l'organisation d'événements accrocheurs. La clé est d'être créatif et audacieux dans votre approche.

Partenariats et collaborations

Collaborer avec des entreprises complémentaires peut élargir votre portée et offrir des opportunités de vente uniques. Envisagez des partenariats pour des produits comarqués, des promotions conjointes ou des événements partagés. Ces collaborations peuvent présenter votre marque à de nouveaux publics et créer de l'enthousiasme.

Gamification

La gamification ajoute un élément de plaisir et de compétition au processus de vente. Cela pourrait impliquer la création d'un système de points pour l'engagement client, l'organisation de concours avec des prix ou l'intégration d'éléments de type jeu dans votre site Web ou votre application. La gamification motive l'action et encourage la participation.

Utiliser l'humour et la narration pour engager les clients

L'humour et la narration sont de puissants outils de vente. Ils peuvent capter l'attention, établir des relations et rendre votre marque plus accessible. Dans cette section, nous explorerons comment insuffler de l'humour et de la narration dans vos efforts de vente.

L'humour dans le marketing

L'humour peut faire tomber les barrières et créer une connexion mémorable avec les clients. Incorporez de l'humour dans vos supports marketing, vos publications sur les réseaux sociaux et même vos descriptions de produits. Assurez-vous simplement de connaître votre public et assurez-vous que l'humour est approprié à votre marque.

Raconter des histoires pour une connexion émotionnelle

La narration vous permet de créer un lien émotionnel avec votre public en partageant des récits qui résonnent avec ses expériences et ses valeurs. Utilisez des histoires pour illustrer comment votre produit ou service a eu un impact positif sur les autres, résolu des problèmes et amélioré des vies.

Témoignages clients et histoires de réussite

Les témoignages de clients et les histoires de réussite sont des formes puissantes de narration. Partagez des expériences réelles de clients satisfaits, y compris leurs défis, la manière dont votre produit les a aidés et les résultats positifs qu'ils ont obtenus. Ces histoires fournissent une preuve sociale et renforcent la confiance.

Incorporer l'humour dans les arguments de vente

L'humour peut détendre l'ambiance et rendre votre argumentaire de vente plus engageant. Utilisez l'humour de manière stratégique pour attirer l'attention, soulager les tensions et maintenir la conversation fluide. N'oubliez pas de le garder de bon goût et pertinent pour votre public.

Créer des présentations de vente et des démos mémorables

Une présentation commerciale ou une démo convaincante peut faire toute la différence dans la conclusion d'une transaction. Dans cette section, nous explorerons comment créer des présentations qui captivent votre public et laissent une impression durable.

Commencez avec un crochet solide

Commencez votre présentation avec une accroche solide qui capte l'attention et donne le ton pour le reste de la présentation. Il peut s'agir d'une question qui suscite la réflexion, d'une statistique surprenante ou d'une histoire fascinante.

Concentrez-vous sur les avantages, pas sur les fonctionnalités

Lorsque vous présentez votre produit ou service, concentrez-vous sur les avantages qu'il offre plutôt que uniquement sur les fonctionnalités. Comment résout-il un problème ou améliore-t-il la vie du client ? Utilisez des exemples concrets et des études de cas pour illustrer les avantages en action.

Utiliser efficacement les aides visuelles

Des aides visuelles telles que des diapositives, des vidéos ou des démonstrations de produits peuvent améliorer votre présentation. Utilisez-les pour renforcer les points clés, briser la monotonie des diapositives et créer une expérience plus engageante pour votre public.

Racontez une histoire captivante

Tisser un récit tout au long de votre présentation peut la rendre plus mémorable et plus percutante. Faites voyager votre public, en commençant par le problème, en présentant votre solution et en culminant avec les avantages et les résultats. Les histoires créent un lien émotionnel et aident votre public à visualiser la valeur.

Intégrer des méthodes de vente interactives et expérientielles

Les méthodes de vente interactives et expérientielles impliquent d'impliquer activement les clients dans le processus de vente, leur permettant ainsi de découvrir directement votre produit ou service. Ces méthodes peuvent créer un sentiment d'appartenance et d'enthousiasme, conduisant à un intérêt et à des conversions accrus. Explorons quelques techniques.

Démonstrations de produits

Les démonstrations de produits en direct donnent aux clients un aperçu direct de ce que votre produit peut faire. Qu'il s'agisse d'une démonstration de logiciel, d'une démonstration culinaire ou d'une présentation de produits, les démonstrations permettent aux clients de voir les avantages en action.

Essais et échantillons gratuits

Offrir des essais ou des échantillons gratuits permet aux clients de découvrir votre produit ou service sans risque. Cette expérience pratique conduit souvent à une confiance accrue et à une probabilité d'achat plus élevée. Assurez-vous simplement de rendre la période d'essai suffisamment longue pour que les utilisateurs puissent vraiment en comprendre la valeur.

Fonctionnalités du site Web interactif

Votre site Web peut être un outil puissant de vente interactive. Intégrez des fonctionnalités telles que des quiz, des calculatrices ou des configurateurs qui permettent aux clients de personnaliser leur expérience. Les éléments interactifs maintiennent l'engagement des visiteurs et fournissent des informations précieuses sur leurs préférences.

Ateliers et événements : l'organisation d'ateliers, de webinaires ou d'événements en direct liés à votre produit ou à votre secteur permet aux clients d'interagir de manière significative avec votre marque. Ces événements offrent une valeur éducative tout en mettant en valeur votre expertise et vos produits.

S'il vous plaît, ne vous contentez pas de lire le texte et de laisser le livre dans votre enveloppe de livre, essayez de mettre en œuvre les stratégies à chaque étape du processus et surveillez les résultats.

Chapitre sept

Le pouvoir de la suggestion

Utiliser les messages subliminaux dans les ventes

La messagerie subliminale consiste à présenter des informations à l'esprit subconscient sans que l'esprit conscient en soit conscient. Bien que controversées, certaines études suggèrent que les messages subliminaux peuvent influencer le comportement. Dans ce chapitre, nous explorerons comment les messages subliminaux peuvent être utilisés dans les ventes.

Visuels et images subliminaux

L'incorporation d'images ou de symboles subtils dans vos supports marketing peut créer des associations inconscientes avec votre marque ou votre produit. Ces images peuvent ne pas être consciemment reconnues par les spectateurs, mais peuvent néanmoins avoir un impact sur leurs perceptions.

Sons subaudibles

Les sons subaudibles sont des signaux audio inférieurs au seuil d'audition consciente. Ces sons peuvent susciter des réponses émotionnelles ou influencer le comportement sans que l'auditeur en soit conscient. La musique de fond dans les publicités ou les vidéos de vente en est un exemple courant.

Psychologie des couleurs

Les couleurs ont des associations psychologiques qui peuvent affecter l'humeur et le comportement. L'utilisation de couleurs spécifiques dans votre image de marque ou dans l'emballage de votre produit peut influencer subtilement la façon dont les clients perçoivent votre produit. Par exemple, le bleu est souvent associé à la confiance et à la fiabilité, tandis que le rouge peut évoquer l'enthousiasme ou l'urgence.

Techniques d'amorçage

L'amorçage consiste à exposer les individus à certains stimuli pour influencer leurs réponses ultérieures. Par exemple, montrer des images de personnes heureuses avant de présenter un produit peut inciter les clients à associer ce produit au bonheur. Des indices subtils comme celui-ci peuvent façonner les perceptions et les préférences.

Techniques d'influence : ancrage, cadrage et amorçage

L'ancrage, le cadrage et l'amorçage sont des techniques psychologiques utilisées pour influencer la prise de décision et le comportement. Comprendre ces techniques peut vous aider à élaborer des messages et des stratégies de vente plus convaincants.

Ancrage

L'ancrage consiste à présenter une première information qui ancre le processus de négociation ou de prise de décision ultérieur. Par exemple, indiquer un prix plus élevé avant d'offrir une remise peut rendre le prix réduit plus attrayant en comparaison.

Encadrement

Le cadrage fait référence à la manière dont les informations sont présentées pour façonner la perception. Par exemple, présenter un verre comme étant « à moitié plein » ou « à moitié vide » peut créer des impressions différentes, même si l'information est la même. En vente, le cadrage peut mettre en valeur les avantages d'un produit ou d'un service sous un jour positif.

Amorçage

Comme mentionné précédemment, l'amorçage consiste à exposer les individus à des stimuli pour influencer leur comportement ultérieur. Cela peut être aussi simple que d'utiliser certains mots ou images dans vos supports marketing qui incitent les clients à penser d'une certaine manière à votre produit.

Créer du désir avec des déclencheurs psychologiques

Comprendre les déclencheurs psychologiques peut vous aider à créer des messages marketing qui exploitent les désirs et les motivations humaines profondément enracinées. Ces déclencheurs peuvent susciter des émotions et conduire à l'action. Explorons quelques puissants déclencheurs psychologiques dans les ventes.

Rareté

La peur de rater quelque chose peut être un puissant facteur de motivation. Créer un sentiment de rareté ou de disponibilité limitée peut inciter les clients à agir rapidement. Cela peut inclure des offres à durée limitée, des offres exclusives pour quelques privilégiés ou la présentation de faibles niveaux de stock.

La preuve sociale

Les gens se tournent souvent vers les autres pour savoir quoi faire, surtout dans des situations incertaines. La preuve sociale consiste à montrer que d'autres ont utilisé et bénéficié de votre produit ou service. Les témoignages, les critiques et les études de cas sont des formes de preuve sociale.

Autorité

Les gens sont plus susceptibles de faire confiance et de suivre les conseils des autorités ou des experts perçus. Se positionner ou positionner votre marque comme une autorité dans votre secteur peut accroître la confiance et la crédibilité. Cela pourrait impliquer de partager votre expertise via du contenu de leadership éclairé ou de mettre en évidence les approbations d'experts du secteur.

La réciprocité

Le principe de réciprocité suggère que les gens se sentent obligés de redonner lorsqu'ils reçoivent quelque chose. Offrir des ressources gratuites, des échantillons ou du contenu de valeur peut créer un sentiment d'endettement, augmentant la probabilité que les clients rendent la pareille en effectuant un achat.

Considérations éthiques dans le pouvoir de la suggestion

Bien que ces techniques psychologiques puissent être efficaces en matière de vente, il est essentiel de prendre en compte leurs implications éthiques. Instaurer la confiance et entretenir les relations avec les clients doivent toujours être une priorité. Voici quelques considérations éthiques à garder à l'esprit :

Transparence

Soyez transparent dans vos pratiques marketing et commerciales. Évitez les tactiques trompeuses ou les messages cachés. Communiquez clairement les avantages et les limites de votre produit ou service.

Respect

Respectez l'autonomie et la prise de décision de vos clients. Évitez de manipuler ou de faire pression sur les clients pour qu'ils effectuent un achat. Au lieu de cela, concentrez-vous sur la création de valeur et aidez-les à faire des choix éclairés.

Honnêteté

L'honnêteté est cruciale pour instaurer la confiance. Évitez de faire de fausses déclarations ou promesses concernant votre produit ou service. Mettez en valeur les véritables avantages et soyez franc sur les éventuelles limitations.

Relations à long terme

Concentrez-vous sur l'établissement de relations à long terme avec les clients plutôt que sur la recherche de ventes rapides. Un client satisfait est plus susceptible de devenir un client fidèle et de défendre votre marque.

Chapitre huit

Faire la vente

Reconnaître les signaux d'achat : quel est le bon moment pour clôturer ?

Reconnaître les signaux d'achat est crucial pour savoir quand conclure la vente. Ces signaux indiquent que le client est prêt à effectuer un achat ou à avancer dans le processus de vente. Dans ce chapitre, nous explorerons comment identifier les signaux d'achat et saisir l'opportunité de clôture.

Indices verbaux

Questions directes : lorsqu'un client pose des questions spécifiques sur les prix, la livraison ou les conditions, cela indique souvent un niveau d'intérêt élevé.

Exemple : « Pouvez-vous m'en dire plus sur les options de garantie ? »

Intention d'achat : les déclarations qui révèlent une intention d'achat ou d'avancer dans le processus sont des signaux forts.

Exemple : « Quelles sont les options de financement disponibles ? »

Délai : les questions sur les délais ou les calendriers de livraison indiquent que le client envisage le moment où il pourra obtenir le produit ou le service.

Exemple : « Quand pouvons-nous espérer que la mise en œuvre sera terminée ? »

Indices non verbaux

Langage corporel : un langage corporel positif, comme se pencher en avant, hocher la tête ou établir un contact visuel, peut indiquer de l'enthousiasme et de la préparation.

Expressions faciales : un sourire, des sourcils levés ou une expression engagée peuvent signaler un intérêt.

Actions physiques : des actions comme chercher une brochure, toucher le produit ou l'examiner de près sont des signes d'intérêt.

Questions sur les détails

Demandes détaillées : les clients qui posent des questions détaillées sur les caractéristiques du produit, les options de personnalisation ou les spécifications évaluent probablement le produit sérieusement.

Questions comparatives : lorsque les clients demandent comment votre produit se compare à celui de vos concurrents, ils réfléchissent souvent à leurs options.

Confirmation du prix : si un client demande des éclaircissements sur le prix ou demande la confirmation d'un devis, il peut être prêt à continuer.

Engagement répété

Visites multiples : les clients qui reviennent sur votre site Web ou visitent votre magasin plusieurs fois manifestent un intérêt continu.

Démonstrations répétées : si un client demande plusieurs démonstrations ou essais, il évalue probablement l'adéquation du produit à ses besoins.

Conversations prolongées : de longues discussions sur le produit, ses avantages et la manière dont il répond à leurs exigences indiquent un niveau élevé d'intérêt.

Techniques de clôture : clôture hypothétique, clôture d'essai, clôture alternative, etc.

Les techniques de clôture sont des stratégies utilisées pour demander la vente et guider le client vers une décision. Différentes situations peuvent nécessiter différentes approches. Explorons quelques techniques de clôture efficaces :

Clôture hypothétique

Supposition de la vente : Cette technique fonctionne en supposant que le client est prêt à effectuer un achat.

Exemple : « Dois-je continuer et planifier la livraison pour la semaine prochaine ? »

Clôture de l'essai

Tester les eaux : la clôture de l'essai évalue l'état de préparation du client sans demander directement la vente.

Exemple : « Si nous pouvions répondre à vos exigences budgétaires, seriez-vous prêt à procéder aujourd'hui ? »

Clôture alternative

Présentation des options : offrir au client des choix, qui mènent tous à une vente, encourage la prise de décision.

Exemple : « Préférez-vous le forfait de base avec des fonctionnalités standard ou le forfait premium avec des avantages supplémentaires ? »

Clôture d'urgence

Créer une urgence : la mise en évidence d'offres à durée limitée, de promotions ou de la disponibilité des stocks encourage une action immédiate.

Exemple : "Cette offre n'est valable que jusqu'à la fin du mois. Devons-nous continuer ?"

Silence Fermer

Utiliser le silence : après avoir présenté l'offre, rester silencieux encourage le client à combler le silence par une décision.

Exemple : Présentez une offre, puis attendez la réponse du client sans parler.

Surmonter les défis de clôture courants

Conclure la vente peut être difficile et divers obstacles peuvent survenir. Voici les défis courants et les stratégies pour les surmonter :

Manipulation des objections

Écoute active : Écoutez les objections du client sans interruption pour bien comprendre ses préoccupations.

Répondre aux préoccupations : reconnaissez l'objection, fournissez une solution ou des éclaircissements, puis demandez si le problème a été résolu.

Exemple : « Je comprends votre préoccupation concernant le délai de livraison. Nous proposons des options accélérées. Cela répondrait-il à vos besoins ? »

Peur de l'engagement

Renforcer la confiance : fournissez des témoignages, des études de cas ou des garanties pour apaiser les craintes et renforcer la confiance.

Périodes d'essai ou échantillons : offrir une période d'essai ou un échantillon permet au client de découvrir le produit avec un risque minimal.

Indécision

Prise de décision guidée : aidez les clients indécis en résumant les avantages, en répondant aux préoccupations et en les aidant à évaluer les options.

Analyse comparative : fournissez des comparaisons avec des concurrents ou des solutions alternatives pour aider les clients à faire des choix éclairés.

Manque d'autorité

Faciliter la prise de décision : proposez de fournir des informations supplémentaires ou d'organiser une présentation pour les décideurs clés.

Établir un consensus : présenter des arguments convaincants qui répondent aux besoins de toutes les parties prenantes peut accélérer le processus de prise de décision.

Stratégies de négociation pour des accords gagnant-gagnant

La négociation consiste à parvenir à un accord mutuellement avantageux dans lequel les deux parties se sentent satisfaites. Voici des stratégies pour des négociations réussies :

Connaissez votre valeur

Proposition de valeur : exprimez clairement la valeur unique qu'offre votre produit ou service.

Différenciation : mettez en évidence ce qui distingue votre offre de celle de vos concurrents et pourquoi son prix en vaut la peine.

Écoutez activement

Comprendre les besoins : posez des questions ouvertes pour découvrir les besoins, les priorités et les défis du client.

Empathie : faire preuve de compréhension et d'empathie à l'égard des préoccupations et des points de vue du client.

Focus sur le gagnant-gagnant

Approche collaborative : rechercher des solutions qui répondent aux intérêts des deux parties et créent de la valeur pour les deux.

Options créatives : réfléchissez à des solutions alternatives ou à des forfaits qui répondent aux besoins du client tout en protégeant vos intérêts.

Offrir des alternatives

Flexibilité : soyez prêt à ajuster les conditions, les prix ou les fonctionnalités pour trouver une solution mutuellement acceptable.

Regroupement : regroupez des produits ou des services complémentaires pour créer de la valeur ajoutée et inciter à un achat plus important.

Maintenir le professionnalisme

Communication respectueuse : gardez les discussions professionnelles et respectueuses, en vous concentrant sur les problèmes plutôt que sur les personnalités.

Patience : Restez patient et évitez de précipiter le processus de négociation, en accordant du temps pour une réflexion approfondie.

Chapitre neuf

Obtenir plus de rendez-vous

Stratégies pour une prise de rendez-vous efficace

Obtenir des rendez-vous avec des clients potentiels est une étape cruciale dans le processus de vente. Dans ce chapitre, nous explorerons des stratégies efficaces pour fixer des rendez-vous menant à des réunions de vente réussies.

Proposition de valeur claire

Communiquer les avantages : Exprimez clairement la valeur et les avantages de vous rencontrer. Expliquez ce que le client a à gagner du rendez-vous.

Personnalisation : adaptez votre message aux besoins et aux défis spécifiques du prospect. Montrez que vous comprenez leur situation.

Canaux de contact multiples

Diversifiez la communication : contactez via divers canaux tels que les e-mails, les appels téléphoniques, les réseaux sociaux et les événements de réseautage.

Suivi : La persévérance est la clé. Effectuez un suivi cohérent mais respectueux pour augmenter les chances d'obtenir un rendez-vous.

Options d'offre

Planification flexible : proposez des options d'heures de réunion pour s'adapter à l'emploi du temps du prospect.

Réunions virtuelles : offrez la possibilité de réunions virtuelles pour les rendre plus pratiques pour les clients occupés ou ceux se trouvant dans des endroits différents.

Outils de prise de rendez-vous

Outils de calendrier : utilisez des applications de planification ou des liens de calendrier qui permettent aux prospects de prendre rendez-vous à leur convenance.

Rappels automatisés : envoyez des rappels automatisés avant le rendez-vous pour garantir votre présence.

Utiliser les références et les présentations pour étendre votre réseau

Les références et les présentations peuvent être des outils puissants pour obtenir davantage de rendez-vous. Tirer parti de votre réseau existant peut ouvrir les portes à de nouvelles opportunités. Voyons comment utiliser efficacement les références :

Demandez des références

Clients satisfaits : contactez des clients satisfaits et demandez-leur s'ils connaissent quelqu'un qui pourrait bénéficier de votre produit ou service.

Contacts de réseautage : connectez-vous avec des contacts de l'industrie et demandez des présentations à des clients potentiels.

Offrir des incitatifs

Programmes de parrainage : créez un programme de parrainage dans lequel les clients ou contacts existants reçoivent des incitations pour parrainer de nouvelles entreprises.

Avantages mutuels : mettez en valeur les avantages mutuels des références, comme aider leurs contacts tout en développant votre entreprise.

Présentations chaleureuses

Présentations personnelles : lorsque vous demandez des présentations, fournissez un bref script ou un message qui permet à vos contacts de vous présenter facilement.

Recommandations LinkedIn : demandez des recommandations LinkedIn à des clients ou collègues satisfaits pour améliorer votre crédibilité.

Groupes de réseautage

Événements de l'industrie : assistez à des conférences, des séminaires ou des événements de réseautage de l'industrie où vous pourrez rencontrer des clients ou des partenaires potentiels.

Communautés en ligne : rejoignez des forums ou des groupes en ligne liés à votre secteur pour vous connecter avec des professionnels partageant les mêmes idées.

Tirer parti des médias sociaux et des événements de réseautage

Les plateformes de médias sociaux et les événements de réseautage offrent de précieuses opportunités pour étendre votre portée et vous connecter avec des clients potentiels. Voyons comment exploiter efficacement ces canaux :

Engagement sur les réseaux sociaux

Partage de contenu : partagez du contenu précieux lié à votre secteur pour établir une expertise et attirer des clients potentiels.

Engagement : Répondez rapidement aux commentaires, aux messages et aux demandes de renseignements pour faire preuve de réactivité et établir des relations.

Prospection LinkedIn

Recherche avancée : utilisez les fonctionnalités de recherche avancées de LinkedIn pour trouver des clients potentiels en fonction du secteur, de l'emplacement ou du titre du poste.

Messages personnalisés : envoyez des demandes de connexion personnalisées et des messages expliquant comment vous pouvez les aider à résoudre leurs problèmes.

Chats et hashtags Twitter

Rejoignez les chats : participez à des chats Twitter pertinents pour votre secteur pour interagir avec des clients potentiels et présenter vos connaissances.

Utilisez des hashtags : utilisez des hashtags spécifiques à votre secteur dans vos tweets pour augmenter la visibilité et attirer des abonnés pertinents.

Événements de réseautage

Meetups locaux : participez à des événements de réseautage locaux ou à des rencontres où vous pourrez rencontrer en personne des clients potentiels.

Réseautage de conférences : profitez des conférences et des salons professionnels pour réseauter avec des professionnels et des prospects de l'industrie.

Suivi après les rendez-vous pour un impact maximal

Le processus de suivi après les nominations est essentiel pour maintenir la dynamique et conclure la transaction. Voici des stratégies pour un suivi efficace :

Suivi en temps opportun

Le même jour : envoyez un e-mail ou un message de remerciement le même jour que le rendez-vous pour exprimer votre appréciation pour votre temps.

Prochaines étapes : décrivez clairement les prochaines étapes et toutes les actions requises de la part des deux parties.

Fournir une valeur supplémentaire

Ressources supplémentaires : partagez des articles, des études de cas ou des ressources pertinents qui illustrent davantage les avantages de votre produit ou service.

Réponses aux questions : répondez à toutes les questions ou préoccupations soulevées lors du rendez-vous dans votre communication de suivi.

Personnalisation

Touche personnalisée : Référencez des points spécifiques discutés lors du rendez-vous pour faire preuve d'attention et de compréhension.

Solutions personnalisées : adaptez votre suivi pour proposer des solutions personnalisées en fonction des besoins du client.

Planifier les prochaines étapes

Fixez une date limite : proposez un calendrier précis pour la prochaine réunion ou action afin de maintenir l'élan.

Invitation au calendrier : envoyez une invitation au calendrier pour le prochain rendez-vous afin de vous assurer qu'il figure sur les horaires des deux parties.

En fixant efficacement les rendez-vous, en tirant parti des références et des présentations, en utilisant les médias sociaux et les événements de réseautage et en effectuant le suivi des prospects, vous pouvez maximiser vos chances de conclure des affaires et de développer votre entreprise.

N'oubliez pas que la clé est d'apporter de la valeur, d'établir des relations et de démontrer comment votre produit ou service peut résoudre les problèmes du prospect. Avec une approche proactive en matière de prise de rendez-vous et un suivi réfléchi, vous pouvez transformer vos prospects en clients fidèles.

Chapitre dix

Nourrir les leads avec un suivi efficace

Importance du suivi dans les ventes

Le suivi est un élément essentiel du processus de vente qui détermine souvent le succès de la conversion des prospects en clients. Dans ce chapitre, nous examinerons l'importance du suivi et la manière dont il peut stimuler les ventes.

Construire des relations

Confiance et crédibilité : les interactions de suivi démontrent votre engagement à aider le prospect. Un suivi cohérent renforce la confiance et la crédibilité au fil du temps.

Rester au premier plan : un suivi régulier garantit que votre marque reste dans l'ensemble des considérations des prospects lorsqu'ils sont prêts à prendre une décision d'achat.

Répondre aux préoccupations

Surmonter les objections : le suivi vous permet de répondre à toutes les préoccupations ou objections que le prospect pourrait avoir. C'est l'occasion de clarifier les doutes et de fournir des informations supplémentaires.

Solutions personnalisées : en comprenant les besoins du prospect grâce à des conversations de suivi, vous pouvez adapter vos solutions pour répondre à leurs exigences spécifiques.

Guider le processus de vente

Faire avancer le prospect : le suivi guide le prospect tout au long de l'entonnoir de vente, le guidant de la prise de conscience à la considération et finalement à une décision d'achat.

Opportunités éducatives : utilisez le suivi pour informer davantage le prospect sur votre produit ou service, en mettant en évidence ses caractéristiques et ses avantages.

Maximiser les opportunités

Découvrir des opportunités : grâce au suivi, vous pouvez découvrir de nouvelles opportunités ou de nouveaux besoins que le prospect n'a pas exprimé initialement.

Références et recommandations : les prospects satisfaits peuvent devenir des défenseurs de votre marque, conduisant à des références et des recommandations.

Élaborer une stratégie de suivi : calendrier et fréquence

Une stratégie de suivi bien définie est essentielle pour nourrir efficacement les leads. Explorons comment développer une stratégie qui prend en compte le timing et la fréquence :

Suivi initial

Réponse rapide : essayez d'effectuer un suivi rapidement après le contact ou la demande initiale. Une réponse rapide montre du professionnalisme et de l'empressement.

Introduction et remerciement : présentez-vous ou présentez votre entreprise s'il s'agit du premier contact. Remerciez le prospect pour son intérêt et définissez ses attentes pour les communications futures.

Suivis ultérieurs

Séquence structurée : Planifiez une série de suivis dans une séquence structurée. Cela peut inclure un mélange d'e-mails, d'appels et de messages personnalisés.

Intervalles progressifs : espacez les suivis à des intervalles appropriés pour éviter de surcharger le prospect. Tenez compte de la complexité de votre offre et de l'état de préparation du prospect.

Déclencheurs basés sur des événements

Réponses déclenchées : configurez des déclencheurs de suivi basés sur des événements ou des actions spécifiques, tels que des téléchargements, des visites de sites Web ou des interactions avec votre contenu.

Contenu pertinent : adaptez les messages de suivi en fonction des actions du prospect. Par exemple, envoyez des études de cas ou des témoignages connexes après avoir visité certaines pages.

Persistant, pas insistant

Points de contact cohérents : soyez persévérant dans vos efforts de suivi, mais évitez d'être insistant ou agressif. Respectez les préférences et les limites du prospect.

Axé sur la valeur : chaque suivi doit apporter de la valeur au prospect, qu'il s'agisse d'informations précieuses, d'idées ou de solutions à ses défis.

Personnalisation des communications de suivi

La personnalisation est essentielle pour rendre les communications de suivi efficaces et engageantes. Voici comment personnaliser vos suivis pour un impact maximal :

Messages personnalisés

Utilisez le nom du prospect : adressez-vous au prospect par son nom pour créer un sentiment de connexion personnelle.

Référencez les conversations précédentes : mentionnez les points spécifiques abordés lors des interactions précédentes pour montrer votre attention.

Solutions sur mesure : proposez des solutions ou des recommandations qui correspondent aux besoins et aux défis du prospect.

Segmentez votre audience

Segmentation : divisez vos prospects en segments en fonction des données démographiques, des intérêts ou des comportements.

Messages ciblés : créez des messages de suivi qui correspondent aux caractéristiques et préférences uniques de chaque segment.

Touches personnelles

Notes manuscrites : À l'ère du numérique, les notes manuscrites peuvent se démarquer et laisser une impression durable.

Vidéos personnelles : enregistrez des messages vidéo personnalisés s'adressant directement au prospect. Les vidéos ajoutent une touche humaine et véhiculent de la sincérité.

Demander des commentaires

Solliciter des commentaires : invitez le prospect à partager ses réflexions ou ses commentaires sur la façon dont vous pouvez mieux répondre à ses besoins.

Oreille à l'écoute : écoutez activement leurs réponses et utilisez les commentaires pour adapter les suivis futurs.

Automatisation des processus de suivi avec les outils CRM

Les outils CRM (Customer Relationship Management) sont inestimables pour automatiser les processus de suivi et gérer efficacement les leads. Explorons comment les outils CRM peuvent améliorer votre stratégie de suivi :

Suivi des prospects

Base de données centralisée : les systèmes CRM fournissent une base de données centralisée pour stocker les informations sur les prospects, les interactions et l'historique de suivi.

Notation des leads : utilisez les fonctionnalités de notation des leads pour prioriser les efforts de suivi en fonction du niveau d'engagement et de préparation du prospect.

E-mails automatisés

Campagnes goutte à goutte : configurez des séquences d'e-mails automatisées ou des campagnes goutte à goutte qui diffusent des messages ciblés à des intervalles prédéfinis.

Jetons de personnalisation : les outils CRM vous permettent souvent d'insérer des jetons de personnalisation (par exemple, prénom) pour les e-mails personnalisés.

Rappels de tâches

Tâches de suivi : attribuez des tâches de suivi aux membres de l'équipe avec des rappels et des délais.

Planification de rendez-vous : intégrez des fonctionnalités de calendrier pour planifier des rendez-vous directement depuis le CRM.

Rapports et analyses

Mesures de performances : suivez l'efficacité de vos efforts de suivi grâce aux rapports et aux analyses intégrés.

Optimisation : utilisez les informations sur les données pour optimiser votre stratégie de suivi au fil du temps, en identifiant ce qui fonctionne le mieux.

Dans ce chapitre, nous avons exploré l'importance d'un suivi efficace dans le processus de vente et comment il peut conduire au succès. En développant une stratégie de suivi structurée qui prend en compte le calendrier et la fréquence, en personnalisant les communications pour chaque prospect et en tirant parti des outils CRM pour l'automatisation, vous pouvez entretenir efficacement les prospects et augmenter les taux de conversion. N'oubliez pas que le suivi ne consiste pas seulement à conclure une vente : il s'agit également d'établir des relations, de fournir de la valeur et de guider les prospects tout au long de leur parcours d'achat. Grâce à une approche stratégique du suivi, vous pouvez transformer vos prospects en clients fidèles et stimuler la croissance de votre entreprise.

Chapitre onze

Construire des relations à long terme

La valeur de la fidélité et de la fidélisation des clients

La fidélisation et la fidélisation des clients sont la pierre angulaire d'une entreprise prospère. Dans ce chapitre, nous explorerons pourquoi ces aspects sont cruciaux et comment ils contribuent à une croissance durable.

Répéter les affaires

Revenus stables : les clients fidèles fournissent un flux de revenus fiable, réduisant ainsi la dépendance à l'égard de l'acquisition de nouveaux clients.

Valeur à vie plus élevée : les clients réguliers ont tendance à dépenser plus au cours de leur vie avec votre entreprise, augmentant ainsi leur valeur à vie.

Plaidoyer pour la marque

Marketing de bouche à oreille : les clients fidèles sont plus susceptibles de recommander votre entreprise à d'autres, servant ainsi d'ambassadeurs de la marque.

Avis en ligne : les avis positifs et les témoignages de clients fidèles renforcent la crédibilité et attirent de nouveaux prospects.

Économies de coûts

Coûts d'acquisition réduits : fidéliser les clients est souvent plus rentable que d'en acquérir de nouveaux, car cela évite les coûts élevés des efforts de marketing et de vente.

Efficacité : les clients réguliers connaissent vos produits ou services, ce qui nécessite moins de temps et de ressources pour l'intégration.

Stabilité du marché

Résilience à la concurrence : une clientèle fidèle offre une protection contre les pressions concurrentielles, car les clients sont moins susceptibles de se tourner vers des concurrents.

Informations sur le marché : des clients engagés fournissent des commentaires et des informations précieux, vous aidant ainsi à vous adapter aux changements du marché.

Fournir un service client exceptionnel

Un service client exceptionnel est la pierre angulaire de l'établissement de relations à long terme. Voici comment offrir un service exceptionnel qui incite les clients à revenir :

Interactions personnalisées

Attention individualisée : traitez chaque client comme un individu, en répondant à ses besoins et préférences spécifiques.

Profils clients : gérez des profils clients détaillés pour suivre les préférences, l'historique des achats et les interactions.

Réactivité

Assistance en temps opportun : répondez rapidement aux demandes, préoccupations ou problèmes des clients. Les résolutions rapides démontrent du soin et du professionnalisme.

Accessibilité 24h/24 et 7j/7 : offrez plusieurs canaux d'assistance client, notamment le téléphone, l'e-mail, le chat et les réseaux sociaux.

Empathie et compréhension

Écoute active : écoutez attentivement les commentaires ou les plaintes des clients, en faisant preuve d'empathie et de compréhension.

Excusez-vous et rectifiez : si des erreurs se produisent, excusez-vous sincèrement et prenez des mesures pour rectifier la situation afin de regagner la confiance.

Cohérence

Expérience cohérente : assurez une expérience client cohérente sur tous les points de contact, des interactions en ligne aux rencontres en personne.

Formation et normes : formez votre équipe aux meilleures pratiques en matière de service client et respectez les normes de service.

Stratégies de vente incitative et de vente croisée

La vente incitative et la vente croisée sont des moyens efficaces d'augmenter la valeur client et d'approfondir les relations. Explorons les stratégies pour mettre en œuvre ces techniques :

Vente incitative

Proposition de valeur : mettez en évidence la valeur ou les avantages supplémentaires de la mise à niveau vers un produit ou un service de niveau supérieur.

Timing : suggérer des mises à niveau lorsque le client est déjà satisfait de son achat actuel, en indiquant les avantages supplémentaires.

Vente croisée

Produits complémentaires : Recommander des produits connexes ou complémentaires qui valorisent l'achat initial du client.

Offres groupées : créez des forfaits groupés qui offrent commodité et valeur, encourageant les clients à acheter plusieurs articles.

Recommandations personnelles

Suggestions basées sur les données : utilisez les données client et l'historique des achats pour faire des recommandations personnalisées.

Solutions sur mesure : comprendre les besoins du client et recommander des produits ou des services qui répondent à ces besoins.

Promotions et incitations

Remises et offres : offrez des remises ou des promotions exclusives sur des produits complémentaires ou des mises à niveau.

Offres à durée limitée : créez un sentiment d'urgence avec des offres à durée limitée pour encourager une action immédiate.

Mettre en œuvre des programmes de parrainage pour stimuler la croissance de l'entreprise

Les programmes de parrainage exploitent le pouvoir des clients satisfaits pour générer de nouvelles affaires. Voici comment créer et mettre en œuvre un programme de parrainage efficace :

Des incitations

Structure de récompense : offrez des incitations telles que des remises, des crédits ou des cadeaux au parrain et au nouveau client.

Récompenses échelonnées : créez des niveaux de récompenses en fonction du nombre de références ou de la valeur de l'activité résultante.

Communication claire

Détails du programme : communiquez clairement les détails du programme de parrainage, y compris son fonctionnement et ses avantages.

Matériel promotionnel : fournissez aux référents du matériel partageable comme des cartes de parrainage, des liens ou des publications sur les réseaux sociaux.

Processus transparent

Soumission facile des références : simplifiez la soumission des références par les clients, que ce soit via un formulaire en ligne, un e-mail ou une application.

Suivi automatisé : utilisez la technologie pour suivre les références et appliquer automatiquement les récompenses lorsque les critères sont remplis.

Remercier les référents

Exprimez votre gratitude : montrez votre appréciation pour les références avec des messages de remerciement personnalisés ou des marques d'appréciation.

Reconnaissance : mettez en avant les meilleurs référents ou les réussites pour motiver les autres à participer.

Dans ce chapitre, nous avons exploré l'importance d'établir des relations à long terme avec les clients grâce à des efforts de fidélisation et de rétention. Fournir un service client exceptionnel, mettre en œuvre des stratégies de vente incitative et croisée et tirer parti des programmes de référence sont des éléments clés de cette approche.

En vous concentrant sur la création de valeur, en personnalisant les interactions et en créant des incitations à la fidélité des clients, vous pouvez favoriser des relations durables qui stimulent la croissance de votre entreprise.

N'oubliez pas que des clients satisfaits et fidèles contribuent non seulement aux revenus, mais servent également de défenseurs qui peuvent alimenter le succès de votre entreprise. Avec une approche réfléchie et proactive de l'établissement de relations, vous pouvez entretenir une clientèle fidèle qui propulse votre entreprise vers l'avant.

Dans la symphonie des ventes, les relations sont la mélodie qui persiste longtemps après la transaction. Ce sont les battements de cœur de la loyauté, les échos de la confiance et les harmonies du respect mutuel. Construire des relations à long terme, c'est investir dans la monnaie de la connexion, fournir un service exceptionnel comme base et favoriser des liens qui résistent à l'épreuve du temps.

Chapitre douze

Maintenir la dynamique des ventes

La formation continue et le développement des compétences sont essentiels pour que les professionnels de la vente puissent rester compétitifs et exceller dans leur rôle. Dans ce chapitre, nous explorerons des stratégies pour continuer à apprendre et à grandir :

Programmes de formation à la vente

Formation formelle : inscrivez-vous à des programmes de formation à la vente, à des ateliers ou à des cours pour améliorer vos compétences en vente.

Jeux de rôle : participez à des exercices de jeux de rôle pour pratiquer différents scénarios de vente et améliorer vos compétences en communication.

Certifications : recherchez des certifications spécifiques à votre secteur pour démontrer votre expertise et votre crédibilité.

Apprentissage autonome

Lecture et recherche : restez à jour avec la documentation commerciale, les livres et les publications sectorielles pour obtenir de nouvelles informations.

Ressources en ligne : utilisez des plateformes en ligne, des blogs et des webinaires qui proposent des conseils de vente, des stratégies et des meilleures pratiques.

Podcasts et vidéos : écoutez des podcasts de vente ou regardez des vidéos mettant en vedette des professionnels de la vente à succès partageant leurs expériences et leurs techniques.

Mentorat et réseautage

Recherchez des mentors : trouvez des mentors commerciaux expérimentés qui peuvent vous fournir des conseils, des conseils et des commentaires.

Événements de réseautage : assistez à des conférences de vente, des séminaires et des événements de réseautage pour apprendre de vos pairs et des leaders du secteur.

Groupes de pairs : rejoignez des groupes de pairs ou des communautés axés sur les ventes pour échanger des idées et des stratégies avec d'autres professionnels.

Garder une longueur d'avance sur les tendances de vente et les innovations

Pour maintenir la dynamique des ventes, il est essentiel de rester informé des tendances et innovations émergentes dans le secteur de la vente. Voici comment garder une longueur d'avance :

Étude de marché

Rapports du secteur : examinez régulièrement les rapports du secteur et les analyses de marché pour comprendre les tendances du marché et les préférences des clients.

Analyse des concurrents : étudiez les stratégies et les approches des concurrents pour identifier les domaines de différenciation.

Commentaires des clients : recueillez les commentaires des clients pour comprendre l'évolution de leurs besoins et de leurs attentes.

Adoption de la technologie

Systèmes CRM : exploitez des systèmes CRM avancés dotés de capacités d'automatisation, d'analyse et d'IA pour rationaliser les processus de vente.

Outils d'engagement commercial : utilisez les plateformes d'engagement commercial pour une sensibilisation personnalisée, l'automatisation des e-mails et le suivi des ventes.

Analyse des données : exploitez la puissance de l'analyse des données pour obtenir des informations sur le comportement des clients, les performances commerciales et les opportunités.

Adopter les canaux de vente numériques

Intégration du commerce électronique : explorez les opportunités d'intégration de plateformes de commerce électronique pour les ventes et les transactions en ligne.

Vente sociale : utilisez les plateformes de médias sociaux pour générer des prospects, établir des relations et partager du contenu de valeur.

Vente virtuelle : adaptez-vous aux techniques de vente virtuelle, notamment la vidéoconférence, les démonstrations virtuelles et les présentations en ligne.

Suivi et analyse des performances commerciales

Un suivi et une analyse efficaces des performances commerciales fournissent des informations précieuses pour améliorer les stratégies et atteindre les objectifs. Voici comment procéder :

Indicateurs clés de performance (KPI)

Mesures de revenus : surveillez le chiffre d'affaires, les marges bénéficiaires et la taille moyenne des transactions pour évaluer les performances financières.

Taux de conversion : suivez les taux de conversion à chaque étape de l'entonnoir de vente pour identifier les goulots d'étranglement et améliorer l'efficacité.

Coût d'acquisition client (CAC) : calculez le CAC pour comprendre la rentabilité de l'acquisition de nouveaux clients.

Gestion du pipeline de ventes

Analyse du pipeline : examinez régulièrement le pipeline des ventes pour garantir un équilibre sain des prospects à différentes étapes.

Progression des transactions : suivez la progression des transactions individuelles pour identifier les opportunités de suivi et d'intervention.

Prévisions : utilisez les données historiques et les tendances pour prévoir les performances commerciales futures et définir des objectifs réalistes.

Performance de l'équipe de vente

Mesures individuelles : évaluez les performances de vente individuelles en fonction de mesures telles que l'atteinte des quotas, les taux de réussite et les niveaux d'activité.

Coaching et développement : utilisez les données de performance pour les opportunités de coaching et de développement afin d'améliorer les compétences de l'équipe.

Reconnaissance et incitations : récompenser les employés les plus performants et mettre en œuvre des programmes d'incitation pour motiver l'équipe.

Cultiver une culture axée sur les ventes au sein de votre organisation

Construire une culture axée sur les ventes favorise l'alignement, la motivation et la collaboration au sein de l'organisation. Voici comment cultiver une telle culture :

Soutien aux dirigeants

Vision claire : les dirigeants doivent articuler une vision commerciale claire et des objectifs qui correspondent aux objectifs commerciaux globaux.

Allocation des ressources : allouez des ressources, des formations et des outils pour soutenir le succès de l'équipe commerciale.

Modelage de rôle : donner l'exemple, en démontrant les valeurs et les comportements attendus de l'équipe de vente.

Collaboration entre les départements

Équipes interfonctionnelles : encouragez la collaboration entre les équipes de vente, de marketing, de développement de produits et de support client.

Partage d'informations : facilitez la communication et le partage d'informations pour garantir que tous les départements sont alignés sur les besoins des clients.

Boucles de rétroaction : établissez des boucles de rétroaction entre les ventes et les autres départements pour améliorer les produits et services en fonction des informations des clients.

Reconnaissance et récompenses

Reconnaissance des performances : reconnaître et célébrer les réalisations individuelles et collectives pour renforcer le moral et la motivation.

Programmes d'incitation : mettez en œuvre des programmes d'incitation qui récompensent les performances et s'alignent sur les objectifs de vente.

Développement de carrière : offrir des opportunités d'évolution de carrière et d'avancement au sein de l'organisation commerciale.

Amélioration continue

Mécanismes de rétroaction : encouragez les canaux de rétroaction ouverts permettant aux membres de l'équipe commerciale de partager des idées, des défis et des suggestions.

Processus itératifs : adoptez une approche itérative des processus de vente, permettant une amélioration et une adaptation continues.

Formation et développement : investissez dans des programmes de formation et de développement continus pour tenir l'équipe commerciale informée des meilleures pratiques et des innovations.

En donnant la priorité au développement des compétences, en restant informés des tendances du secteur, en tirant parti de la technologie et en favorisant un environnement collaboratif et motivé, les professionnels et les organisations de la vente peuvent pérenniser leur succès et stimuler leur croissance. N'oubliez pas que la dynamique des ventes n'est pas seulement une question de gains à court terme, mais aussi d'efforts constants, d'innovation et d'engagement envers l'excellence dans les pratiques de vente.

Chapitre treize

Exemples de présentations ou d'argumentaires de vente

Dans ce chapitre, nous fournirons dix exemples de présentations ou d'argumentaires commerciaux. Ces échantillons couvrent divers secteurs et scénarios, présentant différents styles et approches pour communiquer efficacement la valeur et conclure des transactions.

Exemple 1 : Solution technologique pour les entreprises

Objectif : Proposer une solution technologique complète pour les petites et moyennes entreprises.

Ouverture : "Bonjour à tous. Aujourd'hui, je suis ravi de vous présenter notre solution technologique de pointe conçue pour rationaliser les opérations et stimuler la croissance de votre entreprise."

Points clés:

Présentation : Discutez des défis rencontrés par les entreprises dans la gestion de plusieurs systèmes et silos de données.

Solution : présentez la plate-forme tout-en-un qui intègre le CRM, la gestion de projet et l'analyse.

Avantages : mettez en évidence une efficacité accrue, une visibilité des données et des économies de coûts.

Études de cas : partagez des histoires de réussite d'entreprises qui ont obtenu des résultats significatifs après la mise en œuvre de la solution.

Démo : proposez une démonstration en direct pour présenter l'interface et les fonctionnalités conviviales.

Conclusion : "Grâce à notre solution technologique, vous pouvez transformer la façon dont votre entreprise fonctionne. Planifions une réunion de suivi pour discuter des options de personnalisation et de la manière dont nous pouvons adapter cette solution à vos besoins spécifiques."

Exemple 2 : Opportunité d'investissement immobilier

Objectif : Présenter une opportunité d'investissement dans un marché immobilier en forte croissance.

Ouverture : "Bon après-midi, investisseurs. Aujourd'hui, je suis ravi de vous présenter une opportunité exclusive d'investir dans un marché immobilier florissant avec des rendements prometteurs."

Points clés:

Analyse du marché : fournissez un aperçu des tendances du marché, des projections de croissance et des moteurs de la demande.

Portefeuille immobilier : présentez une sélection de propriétés avec des descriptions détaillées, des avantages d'emplacement et des revenus locatifs potentiels.

Projection du retour sur investissement : présentez une répartition des retours sur investissement potentiels en fonction des conditions actuelles du marché.

Atténuation des risques : discutez des stratégies en place pour atténuer les risques, telles que la gestion immobilière et la diversification des marchés.

Options d'investissement : proposez différents packages d'investissement adaptés à différents appétits pour le risque et tailles d'investissement.

Conclusion : "Cette opportunité d'investissement offre non seulement des rendements financiers, mais également une chance de faire partie d'un marché en plein essor. Planifions des réunions individuelles pour discuter de vos objectifs d'investissement et de la manière dont nous pouvons faire en sorte que cette opportunité fonctionne pour vous."

Exemple 3 : Présentation d'un produit de santé et de bien-être

Objectif : Présenter un nouveau produit de santé et de bien-être ciblant les amateurs de fitness.

Ouverture : "Bonjour, passionnés de santé ! Je suis ravi de vous présenter notre dernier produit conçu pour élever votre parcours de remise en forme et améliorer votre bien-être général."

Points clés:

Présentation du produit : présentez les fonctionnalités et les avantages innovants du produit, tels que les capacités de suivi avancées et le coaching personnalisé.

Expérience utilisateur : partagez des témoignages et des histoires de réussite d'utilisateurs précoces qui ont constaté des améliorations de leur condition physique.

Points de vente uniques : mettez en valeur ce qui distingue ce produit de ses concurrents, comme son design élégant, sa longue durée de vie de la batterie et son intégration avec les applications de fitness populaires.

Démo : proposez une démo en direct pour illustrer le fonctionnement du produit et sa facilité d'utilisation.

Offre à durée limitée : créez une urgence en annonçant une offre de lancement spéciale avec des réductions pour les premiers utilisateurs.

Conclusion : "Rejoignez la révolution du fitness avec notre produit de pointe. Profitez de notre offre de lancement exclusive et embarquons ensemble dans ce voyage vers un mode de vie plus sain."

Exemple 4 : Logiciel éducatif pour les écoles

Objectif : Proposer une solution logicielle éducative pour les écoles K-12.

Ouverture : "Bonjour, éducateurs. Aujourd'hui, je suis ravi de présenter notre logiciel éducatif complet qui transforme les salles de classe traditionnelles en environnements d'apprentissage attrayants et interactifs."

Points clés :

Fonctionnalités du logiciel : découvrez les différentes fonctionnalités du logiciel, notamment les outils de planification de cours, le suivi des progrès des élèves et les modules d'apprentissage interactifs.

Avantages pour les enseignants : expliquez comment le logiciel simplifie les tâches administratives, permet des plans d'apprentissage personnalisés et améliore l'engagement des étudiants.

Avantages pour les étudiants : montrez comment les étudiants peuvent accéder aux ressources à tout moment et en tout lieu, et bénéficier d'expériences d'apprentissage gamifiées.

Intégration et support : expliquez comment le logiciel s'intègre aux systèmes existants et proposez une formation et un support continus.

Démo : fournissez une démo en direct pour présenter l'interface utilisateur et les fonctionnalités.

Conclusion : "Grâce à notre logiciel éducatif, les enseignants peuvent inspirer les élèves et rendre l'apprentissage amusant et efficace. Planifions un essai pour votre école et constatons l'impact par nous-mêmes."

Exemple 5 : Services de planification financière

Objectif : Proposer des services de planification financière aux particuliers recherchant une gestion de patrimoine.

Ouverture : « Bonjour, investisseurs. Aujourd'hui, je suis ici pour vous proposer une feuille de route vers la réussite financière grâce à nos services de planification financière personnalisés.

Points clés:

Analyse financière : effectuer une brève analyse de la situation financière actuelle de l'individu, en mettant en évidence les points forts et les possibilités d'amélioration.

Établissement d'objectifs : discutez de l'importance de fixer des objectifs financiers et de la manière dont nos services peuvent vous aider à atteindre ces objectifs.

Stratégies d'investissement : Présenter des stratégies d'investissement diversifiées adaptées à la tolérance au risque et à l'horizon temporel de l'individu.

Planification de la retraite : présentez les options de planification de la retraite, y compris les roulements 401(k), les cotisations IRA et l'optimisation des retraites.

Planification successorale : abordez l'importance de la planification successorale et de la préservation de l'héritage pour les générations futures.

Conclusion : "Embarquons ensemble dans ce voyage financier. Notre équipe d'experts est prête à vous guider vers la sécurité et la prospérité financières. Planifiez une consultation avec nous pour commencer."

Exemple 6 : Solution logicielle en tant que service (SaaS)

Objectif : Proposer une solution SaaS basée sur le cloud pour permettre aux entreprises d'améliorer leur productivité.

Ouverture : "Bonjour, propriétaires d'entreprise. Aujourd'hui, je suis ravi de vous présenter notre solution SaaS basée sur le cloud, conçue pour révolutionner la façon dont vous gérez vos opérations."

Points clés:

Présentation du produit : fournissez une présentation de la plate-forme SaaS, en mettant en évidence son évolutivité, ses fonctionnalités de sécurité et sa facilité de mise en œuvre.

Options de personnalisation : discutez de la manière dont les entreprises peuvent personnaliser la plate-forme pour l'adapter à leurs besoins et flux de travail spécifiques.

Intégration : mettez en valeur la capacité de la plateforme à s'intégrer aux systèmes existants, tels que les logiciels CRM et les outils de comptabilité.

Économies de coûts : présentez une analyse coûts-avantages, illustrant comment la solution SaaS peut réduire les coûts opérationnels et améliorer l'efficacité.

Démo : proposez une démonstration en direct des principales caractéristiques et fonctionnalités de la plateforme.

Conclusion : « Avec notre solution SaaS, vous pouvez rationaliser vos processus, accroître la collaboration et stimuler la croissance. Planifions une démo personnalisée pour explorer comment cette plateforme peut transformer votre entreprise. »

Échantillon 7 : Produits pour la maison respectueux de l'environnement

Objectif : Proposer une gamme de produits pour la maison respectueux de l'environnement auprès des consommateurs soucieux de l'environnement.

Ouverture : "Bonsoir, propriétaires soucieux de l'environnement. Aujourd'hui, je suis ravi de vous présenter notre gamme de produits pour la maison durables et respectueux de l'environnement qui vous aident à créer un espace de vie plus vert."

Points clés:

Gamme de produits : présentez une variété de produits, notamment des appareils électroménagers économes en énergie, des décorations intérieures recyclées et des produits de nettoyage biologiques.

Avantages environnementaux : discutez de la manière dont chaque produit contribue à la durabilité, comme la réduction de la consommation d'énergie ou la minimisation des déchets.

Avantages pour la santé : mettez en valeur les avantages pour la santé de l'utilisation de produits respectueux de l'environnement, tels qu'une meilleure qualité de l'air intérieur et un nettoyage sans produits chimiques.

Économies de coûts : illustrez comment ces produits peuvent conduire à des économies de coûts à long terme grâce à une réduction des factures d'énergie et à une diminution du nombre de remplacements.

Démo ou échantillons : proposez des échantillons de produits ou une démo virtuelle pour permettre aux clients de découvrir la qualité et les fonctionnalités.

Conclusion : "Faisons de votre maison un sanctuaire de durabilité. Choisissez nos produits respectueux de l'environnement pour une planète et une maison plus saines. Visitez notre magasin ou notre site Web pour explorer notre gamme complète."

Exemple 8 : Expériences de voyage de luxe

Objectif : Proposer des expériences de voyage de luxe exclusives aux voyageurs fortunés.

Ouverture : "Bonjour, passionnés de voyages. Aujourd'hui, je suis ravi de présenter notre collection d'expériences de voyage de luxe sur mesure qui promettent des aventures inoubliables à travers le monde."

Points clés:

Points forts de la destination : présentez des destinations exotiques telles que des îles privées, des complexes hôteliers de luxe et des monuments culturels.

Expériences uniques : décrivez des expériences exclusives telles que des croisières en yacht privé, des repas gastronomiques avec des chefs renommés et des visites guidées par des experts locaux.

Personnalisation : mettez en valeur la possibilité d'adapter chaque itinéraire aux préférences du voyageur, qu'il s'agisse d'aventure, de détente ou d'immersion culturelle.

Services VIP : discutez du traitement VIP, y compris les transferts privés, les services de conciergerie dédiés et l'accès à des événements exclusifs.

Témoignages et avis : partagez des témoignages de voyageurs satisfaits qui ont apprécié nos expériences de luxe.

Conclusion : "Offrez-vous le luxe que vous méritez grâce à nos expériences de voyage organisées. Laissez-nous créer un voyage qui reflète votre style et vos aspirations. Contactez-nous pour commencer à planifier votre prochaine aventure inoubliable."

Échantillon 9 : Collection de mode et de vêtements

Objectif : Proposer une nouvelle collection de mode et de vêtements aux acheteurs au détail.

Ouverture : "Bonjour, acheteurs de mode. Aujourd'hui, je suis ravi de présenter notre dernière collection de mode et de vêtements qui incarne le style, la qualité et l'innovation."

Points clés:

Thèmes de la collection : présentez les thèmes et les inspirations clés de la collection, tels que le glamour vintage, la mode durable ou l'athleisure.

Tissu et design : présentez les tissus haut de gamme, les designs complexes et l'attention portée aux détails qui définissent la collection.

Tendances saisonnières : discutez de la manière dont la collection s'aligne sur les tendances de la mode actuelles et à venir, garantissant ainsi sa pertinence sur le marché.

Public cible : identifiez le groupe démographique cible de la collection, qu'il s'agisse de jeunes professionnels, de créateurs de tendances ou de demandeurs de luxe.

Lookbook ou échantillons : présentez un lookbook ou des échantillons de la collection pour permettre aux acheteurs de voir les pièces de près.

Conclusion : "Élevez votre offre de vente au détail avec notre collection de mode exclusive. Chaque pièce raconte une histoire de savoir-faire et de style. Planifiez une visite dans la salle d'exposition pour explorer la gamme complète et passer vos commandes."

Exemple 10 : Services de formation et de développement d'entreprise

Objectif : Proposer des services de formation et de développement en entreprise aux professionnels des ressources humaines.

Ouverture : "Bonjour, professionnels des ressources humaines. Aujourd'hui, je suis ravi de vous présenter nos services complets de formation et de développement conçus pour améliorer les compétences des employés et stimuler la croissance organisationnelle."

Points clés:

Programmes de formation : décrivez la gamme de programmes de formation proposés, tels que le développement du leadership, la formation aux compétences générales et les ateliers techniques.

Personnalisation : discutez de la possibilité de personnaliser les programmes de formation pour les aligner sur les objectifs, les valeurs et les besoins spécifiques du secteur.

Méthodes de prestation : présentez diverses méthodes de prestation, notamment des ateliers en personne, des sessions de formation virtuelles et des plateformes d'apprentissage en ligne.

Retour sur investissement et impact : partagez des histoires de réussite et des études de cas démontrant le retour sur investissement de l'investissement dans la formation des employés, comme une productivité accrue et la fidélisation des employés.

Certifications : mettez en évidence toutes les certifications ou accréditations qui ajoutent de la crédibilité aux programmes de formation.

Conclusion : « Donnez à votre personnel les moyens de bénéficier de nos solutions de formation sur mesure. Planifions une consultation pour discuter de la manière dont nous pouvons répondre aux besoins de formation de votre organisation et favoriser ensemble le succès.

Ces exemples donnent un aperçu de présentations ou d'argumentaires commerciaux efficaces dans différents secteurs et scénarios. Adaptez votre présentation aux besoins et préférences spécifiques de votre public, en vous concentrant sur la mise en évidence de la proposition de valeur, en abordant les problèmes et en proposant des solutions qui correspondent à leurs intérêts et objectifs.

Chapitre quatorze

Conclusion

Dans ce guide complet, nous avons exploré l'art et la science de la vente comme jamais auparavant. De la compréhension du paysage des ventes à la maîtrise de l'art de conclure des affaires, nous avons couvert un large éventail de stratégies et de techniques pour faire avancer votre entreprise avec une dynamique de ventes imparable. Récapitulons les informations clés et encourageons les professionnels de la vente dans leur parcours, tout en jetant un coup d'œil sur l'avenir de la vente.

Récapitulatif des stratégies et techniques clés

Comprendre le paysage des ventes : nous avons commencé par retracer l'évolution des ventes des techniques traditionnelles aux techniques modernes. Nous avons approfondi l'importance d'une stratégie de vente solide et la psychologie de la vente, vous permettant de naviguer en toute confiance dans différents modèles de vente.

Le jeu intérieur de la vente : le chapitre 2 s'est concentré sur le développement d'un état d'esprit gagnant, sur le dépassement des croyances limitantes et sur l'exploitation du pouvoir de la visualisation et de la loi de l'attraction. Ces outils sont essentiels pour renforcer la confiance nécessaire pour exceller dans la vente.

Pourquoi les gens achètent : le chapitre 3 a approfondi notre compréhension du comportement des acheteurs, des déclencheurs émotionnels et du rôle de la preuve sociale. Créer des messages qui correspondent aux valeurs du public est devenu une stratégie clé pour une vente efficace.

Construire une base solide : au chapitre 4, nous avons souligné l'importance de définir les marchés cibles, d'élaborer des propositions de vente uniques (USP), de développer des argumentaires éclair et de fixer des objectifs de vente réalistes.

Maîtriser les techniques : les chapitres 5 à 8 proposaient une boîte à outils de techniques pour chaque étape du processus de vente. Du démarchage téléphonique et de la vente créative au pouvoir de la suggestion et à la réalisation de la vente, nous avons exploré diverses méthodes pour conclure des transactions efficacement.

Nourrir les prospects et le suivi : les chapitres 9 et 10 se sont concentrés sur les stratégies permettant d'obtenir plus de rendez-vous, de nourrir les prospects avec un suivi efficace et de tirer parti des outils CRM. Ceux-ci sont essentiels pour entretenir des relations et générer un succès à long terme.

Établir des relations à long terme : le chapitre 11 a mis en évidence la valeur de la fidélisation et de la rétention des clients, d'un service client exceptionnel, de la vente incitative et croisée, et de la mise en œuvre de programmes de référence pour la croissance de l'entreprise.

Maintenir la dynamique des ventes : au chapitre 12, nous avons discuté de la formation continue et du développement des compétences des professionnels de la vente, de la manière de rester en avance sur les tendances des ventes, de suivre les performances et de cultiver une culture axée sur les ventes.

Encouragement pour les professionnels de la vente dans leur parcours

À tous les professionnels de la vente, n'oubliez pas que vendre ne consiste pas seulement à conclure des affaires : il s'agit également d'établir des relations, de résoudre des problèmes et d'ajouter de la valeur à la vie de vos clients. Chaque rejet est une opportunité d'apprendre et de s'améliorer. Restez persévérant, restez adaptable et concentrez-vous toujours sur la fourniture d'un service exceptionnel.

Célébrez vos réussites, aussi petites soient-elles, et utilisez-les comme carburant pour vous propulser vers l'avant. Considérez les défis comme des opportunités de croissance et ne sous-estimez jamais le pouvoir de l'apprentissage continu. Que vous soyez un vétéran chevronné de la vente ou que vous débutiez tout juste votre carrière, le parcours d'un professionnel de la vente est celui d'une évolution et d'un perfectionnement constants.

Regard vers l'avenir : l'avenir des ventes

Alors que nous envisageons l'avenir des ventes, nous voyons un paysage façonné par la technologie, l'analyse des données et l'évolution des attentes des clients. L'intelligence artificielle et l'automatisation continueront de jouer un rôle important dans les processus de vente, permettant des interactions plus personnalisées et des flux de travail efficaces.

L'expérience client sera au premier plan, les entreprises se concentrant sur la création d'expériences omnicanales transparentes et sur la création de valeur à chaque point de contact. Les professionnels de la vente devront savoir exploiter les informations sur les données pour comprendre les préférences des clients et adapter leur approche en conséquence.

L'essor du travail à distance et de la vente virtuelle va également remodeler le paysage de la vente, obligeant les professionnels de la vente à maîtriser les outils et techniques de communication virtuelle. La capacité à établir des relations de confiance et des relations dans un environnement numérique sera cruciale.

Dans ce paysage en constante évolution, une chose reste constante : les principes fondamentaux de la vente – comprendre les besoins des clients, fournir des solutions et établir des relations – seront toujours le fondement du succès.

En conclusion

Alors que nous concluons ce voyage dans le monde de la vente effrénée, rappelez-vous que les ventes ne sont pas seulement une transaction ; il s'agit de créer de la valeur, de résoudre des problèmes et de faire la différence. Armé des stratégies et des techniques de ce guide, avancez avec confiance, enthousiasme et une volonté incessante de réussir.

Bravo à votre dynamique commerciale imparable et à un avenir rempli de croissance, de succès et de relations durables. Merci de nous rejoindre dans cette aventure, et que votre parcours de vente soit rempli d'opportunités illimitées et de possibilités infinies.

HEUREUX

VENTE !!!!!!!!!!!!!!

www.ingramcontent.com/pod-product-compliance
Lightning Source LLC
Chambersburg PA
CBHW050306230526
45471CB00005B/2043